Minerva Shobo Librairie

どうすれば子どもたちのいのちは守れるのか

事件・災害の教訓に学ぶ学校安全と安全教育

松井 典夫

[著]

ミネルヴァ書房

はじめに

　本書の内容の多くは，大阪府の北摂地域，阪急電鉄の池田駅から徒歩20分ほどの位置にある，大阪教育大学附属池田小学校が舞台になっている。当校では，2001年6月8日，校内に一人の暴漢の侵入を許し，8人の児童が殺害され，教員2人を含む15人の重軽傷者を出すという事件があった。また私は，当校での教育実習を終え，数年間の公立小学校勤務の後，2005年4月から2014年3月までの9年間，当校で勤務し，学校安全主任，安全科チーフを務めた。

　本書においては，私が当校で，見て，聞いて，学んで，そして自身が研究し，実践してきたことのすべてを伝えていきたい。そのことによって，伝えられていくべき教訓が生かされ，今生きる子どもたちの命に結びついていくことを願う。

教師にとってもっとも大切な仕事

　20年ほど前，私が教育実習で1か月お世話になった大阪教育大学附属池田小学校（以下，附池小）での実習初日，オリエンテーションで最前列に座っていた私を，当時の教生指導部長は，私が履いていたスリッパを指さして一喝した(1)。そのスリッパは，要綱を直前に見て上履きが必要だとわかり，道中のコンビニで慌てて買い求めたものだった。

　「何だ，その格好は！そんなことで，子どもの命が守れるのか！」

　私は唖然とした。そもそも，附池小とは，「エリート校」であるという認識があった。教師も児童も，教科教育，あるいは進学に重きを置いた教育が展開されている学校であるという，"きめつけ"があった。そのような学校の，その代表のような教師から，「命を守る」という言葉が出たからである。

（1）　附池小には，毎年9月，小学校教員を希望する学生が50人ほど実習に来る。その教育実習を統括し，学生への指導および教育実習全体を統括する職務である。私も当校ではこの職務に就いた。

そして，実習担当者の言葉はこう続いた。

「教師にとってもっとも大切な仕事は，勉強を教えることではない。子どもたちの命を守ることだ！」

私の中で，それまでに抱いていた教師観が，根底から覆された。私はこの時点まで，この教師からの叱責を受けるまで，教師になる気は毛頭なかった。ただ大学を卒業するために教育実習に参加しているという，無気力な学生だった。しかし，この言葉，実習担当者からの叱責で，私の人生は大きく変わったと言える。教師という，子どもたちの大切な命を預かり，守り，育むという，その重くて尊い職業に就きたいと思うようになった。

事件の教訓を伝えるために

その数年後，2001年6月8日。私が教育実習を受け，教師になることを決めた，人生を導いてくれた大阪教育大学附属池田小学校で，児童殺傷事件が発生した。

「子どもたちの命を守るのが，教師にとってもっとも大切な仕事だ！」と私を叱責してくれた教師が，憔悴した表情で会見に臨んでいる姿がテレビに映っていた。

どれほど悔しかっただろう。

そう考えながら，信じ難い思いで私は，夢かなった小学校の教師として，職員室のテレビでその報道を観ていた。

その当時，附池小の教師たちが抱いた悔恨や，子どもを失った遺族の想像し難い悲しみや苦しみは，世の中に，世の中の学校に，どのように伝えられているのだろう。どれだけ伝わっているのだろう。

本書を執筆するにあたり，私の中で大きな動機となっているのは，「教訓は伝わり，生かされているのか」という疑問である。

事件後，附池小は，様々な学校安全の取り組みを発信してきた。たとえば2009年から発足した「安全科」や，2010年の WHO International Safe School

の認証がある。

　そのような取り組みの中でも重要なものとして，附池小が作成し，研究会などで無料配布などを行ってきた「教職員対象不審者対応訓練」のDVDがある。附池小では，年間5回の不審者対応訓練を行っており，一般校の参考になればという思いで作られているものである。訓練については後章で詳しく取り上げるが，印象的なのは，このDVDの，最後のテロップである。

　2008年に作成され，私も学校安全主任として訓練をコーディネートする立場として出演しているDVDだが，その最後に，校内のとある場所が映され，そこにテロップが流れる。とある場所とは，今現在はけっして使用されることのない，自動車通用門，事件で不審者の侵入を許した門である。そこに，このような文章のテロップが流れる。

"平成13年（2001年）6月8日
　開いていたこの通用門から
　侵入してきた暴漢によって
　8名の児童の尊い命が奪われ
　13名の児童と2名の教員が
　負傷する事件が起こりました
　　　　大阪教育大学附属池田小学校"

　あまりにも端的に，直接的に事実のみを伝えるその言葉が，にじみ出る悔恨をうかがわせ，胸を打つ。私も講演でこのビデオを使うときがあるが，毎回このテロップのところで胸が詰まる思いがする。

　「この門が閉まっていれば」

　その悔恨から生まれた教訓は，どれほどの学校で生き，伝わり，生かされているのだろう。

　附池小事件のみならず，全国でこれまでに，多くの尊い子どもたちの命が失われてきた。それらの失われた尊い命は，どのような形で教訓となり，今現在

の子どもたちに届いているのだろう。

　その声は，届いているのだろうか。

　私たちは，その声を拾おうとしてきただろうか。

　とりわけ，学校や教育関係者はどうだっただろう。

　地域の大人たちは，子を持つ親はどうだっただろう。

　その声を拾い，教訓とし，子どもたちに伝えることができてきただろうか。

　本書を刊行する目的は，ここにある。

　残された教訓を，教育という舞台の上で再構成し，共有することによって，子どもたちの命を守る一助になることを願いながら，この書を世に送り出したい。

目　次

はじめに

第Ⅰ部　事件・災害の教訓から学ぶ

第1章　児童殺傷事件後の学校安全と安全教育
　　　　　――大阪教育大学附属池田小学校に赴任して……3
1　事件のあった学校への赴任 …………………………3
2　厳しさ漂う「歓迎式」………………………………5
3　附属池田小学校の不審者対応訓練…………………7
4　格闘する教師たち …………………………………11
5　不審者対応訓練で犯した2つのミス ……………14
6　下校時間の厳守と子どもの安全 …………………17
7　祈りと誓いの集い …………………………………20
8　2005年度の卒業式 …………………………………23
9　2006年度の卒業式 …………………………………26

第2章　教師にさすまたは必要なのか
　　　　　――子どものいのちを守る教師の役割 ………31
1　「教師のいのちの重さ」への問い …………………31
2　附属池田小学校児童殺傷事件で重傷を負った教師 ……35
3　不審者を撃退した教師たち ………………………41

第3章　事件や災害の教訓を「発信」するということ
　　　　――発信された教訓と発信されない教訓……………47
　1　寝屋川市立中央小学校の教師殺傷事件………………47
　2　国内唯一の「安全科」……………………………………59
　3　教師たちの安全意識………………………………………65

第Ⅱ部　これまでの学校安全と安全教育の実態

第4章　学校安全の実態…………………………………………71
　1　IDカードのもつ意味………………………………………71
　2　お金のかからない学校安全対策…………………………76
　3　事件の教訓は生かされているか…………………………78

第5章　安全教育の実態…………………………………………83
　1　避難訓練のもつ意味………………………………………83
　2　防犯標語「いかのおすし」の落とし穴…………………88
　3　本当の安全マップとは……………………………………96
　4　連れ去り事件と安全教育…………………………………107

第Ⅲ部　これからの学校安全と安全教育にむけて

第6章　いのちの教育と子どもたち……………………………115
　1　「いのちのバイスタンダー」（生命尊重）の授業
　　　【小学校高学年対象】……………………………………115

目　次

　　2　「溺れかけた兄妹」（水難災害）の授業【小学校中学年対象】……127
　　3　「阪神・淡路大震災の教訓から」（地震災害）の授業
　　　　【小学校高学年対象】……………………………………………132
　　4　「釜石の奇跡に学ぶ」（地震災害）の授業【小学校高学年対象】
　　　　　……………………………………………………………………139
　　5　「いのちの避難訓練」（火災）の授業【小学校中学年対象】………149
　　6　「いのちの笛"たすけっこ"」（防犯）の授業
　　　　【小学校低学年対象】……………………………………………158

第7章　本当の「安全・安心」に欠かせないもの
　　　　　　　　──笑顔で通える学校づくり……………………165
　　1　子どもたちにとっての「安全・安心」とは………………………165
　　2　子どもたちにとっての「本当の学校安全」に向けて①
　　　　"学級崩壊"について……………………………………………166
　　3　子どもたちにとっての「本当の学校安全」に向けて②
　　　　"いじめ"について………………………………………………171

終　章　「私は，子どもたちのいのちを守ることができる
　　　　　　教師になれるのでしょうか」……………………………185
　　1　附属池田小学校への訪問──いのちを守る教師になるために…185
　　2　事件現場と"当事者"から得た教訓 ………………………………192
　　3　教訓を生かすこと…………………………………………………199

おわりに

第Ⅰ部
事件・災害の教訓から学ぶ

3部に分けて構成した本書の第Ⅰ部は,「事件・災害の教訓から学ぶ」と題し,本書の根幹と言える内容となっている。
　第1章では,大阪教育大学附属池田小学校(以下,附池小)における児童殺傷事件のその後について,私自身が教諭として,学校安全にかかわった者として,実際に見聞きし,体験したことを中心に述べている。その真意は,"随所に教訓がちりばめられているから"である。安全であるはずの学校で子どもの命を失うという未曾有の大事件は,これからを生きる子どもたちの命のために,多くの教訓を発し,残している。第1章は,その教訓を発信する役割を担う。
　その強烈な教訓がちりばめられた,いわば"特殊な環境"から私自身が出て,研究者としてあらためて学校安全について見直し,考えたとき,それを担う教師たちの役割について考え直さざるをえない場面に出会ってきた。第2章では,子どものいのちを守ろうとする教師に焦点を置き,あらためて学校安全と教師の役割について再考する。
　そして第3章では,大阪府の小学校で起きた,教師刺殺事件について取り上げた。ここでは,事件の経過を振り返り,事件について検証することを目的としているのではない。"教訓の発信"について,あらためて問い直すために章を立てた。言うまでもないが,学校で事件を起こし,子どもや教師の命を失うということは,学校として不名誉極まりないできごとである。教訓を発信するということは,その内実をさらけ出し,痛みを伴いながら,傷口をさらしながら行うことなのである。したがって,それを(発信することを)避けることによって守ることができるものもあるだろう。傷をさらしながら発信し続ける学校があり,一方では発信することを避け続ける学校がある。そのことについて,私なりの提案を試みた。

第1章
児童殺傷事件後の学校安全と安全教育
―― 大阪教育大学附属池田小学校に赴任して ――

1 事件のあった学校への赴任

　2004年12月。当時私は，大阪府下のT市立小学校で4年生の担任をしていた。地域柄も手伝ってか，元気な児童も多く，毎日を楽しく（刺激的に）過ごしていた。しかし，年齢が30代も半ばに差しかかっていた当時，何かしらの物足りなさを日常に感じていた。もっと何かできるのではないか，もっと何かしなければいけないのではないかという，エネルギーを持て余した上昇志向が大きく芽生えていた時期だった。

　当時，その物足りなさから見出した道筋は，「海外赴任」だった。まったく環境を変え，知らない世界へ行き，新たな生きる目標のようなものを見つけ出したいという，欲求の上での決断だったのかもしれない。校長先生とも話し，翌年から申請を進めていこうという話になっていた。

　そんな年の暮れ，2学期の最終の給食準備中，突然，教頭先生が教室に現われ，すぐに校長室に来るようにと言われた。私は，今でないとだめなのかと教頭先生に確認したと記憶している。なぜなら，小学校の給食準備は，1日でもっともエネルギーを使っているのではないかというほどの，言わば戦場のような時間帯である。順番ぬかしで揉め，けんかが始まり，食器が割れ，おかずが足りなくなって配り直し……。学級担任であれば，その場を離れることに躊躇を覚えるのは当然である。

　しかし，教頭先生は，「今すぐにです」という返事をした。よほどの緊急事態に違いない。教頭先生と階段を駆け下りながら，私の頭の中は大変な速さで

回転していた。

　息を切らせて校長室に入った私に，校長先生はソファーを指さして，「座れ」と鷹揚に言った。ざっくばらんな校長先生で，割と「気が合う」校長先生だった。

　このとき私は，少し違和感を覚えていた。緊急事態の割に，校長先生は大きな体躯を，のんびりした所作でソファーに預けている。教頭先生の顔を見ると，目元が少し笑っているように見えた。私はすぐに，「遊ばれた」ことを悟ったが，それでも不思議だった。この忙しい，学期末の最終の給食準備中に，わざわざ何だろうと。

　校長先生は，大きな体をソファーから少し前に動かし，用件のみを単刀直入に言った。

「来年4月から附属に行かないか」

　あまりにも突然の，そして予想外の話に私は言葉を失った。

　校長先生は続けた。

「附属というのは，大阪教育大学附属池田小学校のことや。今，教育委員会から電話があって，お前に白羽の矢が立ったんや。そうなると，海外赴任の夢は絶たれるな。どっちがいいか，よく考えて決めて返事をくれ」

　ようやく私は言った。

「よく考えて決めます。いつごろまでに返事をすればいいですか」

　校長先生は，にべもなく言った。

「明日の朝までに」

　ここから先の私の気持ちを人に話すと驚かれるが，私は「よく考えて決めます」と言っている時点でもう決断していた。行くに決まっている。附属池田小学校は，私が教師を志すきっかけとなった，人生の一つのターニング・ポイントとなった場所である。その時点の3年前に，附池小では児童殺傷事件が起こっていた。すべてが運命的に思えていた。

　附池小に赴任することに，まったく迷いはなかった。

2 厳しさ漂う「歓迎式」

(1) スーツ姿の教師たち

　2005年4月1日。私は大阪教育大学附属池田小学校（以下，附池小）に赴任した。大阪教育大学の柏原キャンパスに，附属学校園から大学まで，すべての新任者が集い，学長から辞令を受け取った。すべてが公立学校にいるときとは勝手が違い，身の引き締まる思いがした。

　大学の柏原キャンパスから附池小に移動し，新任者は校長室で待機していた。その後，ランチルームというところで，新任者を迎える昼食会が，全教職員参加のもと行われるということだった。そうこうするうちに，当時の副校長が迎えに来てくれて，私を含めたその年の新任者4人は，緊張しながらランチルームに移動した。

　そのランチルームの扉を開け，入った瞬間に，私はよい意味で異様な光景を見た。三十数人の教職員全員が，スーツにネクタイを締め，起立して私たちを迎えたのだ。（あぁ，これが附属か…！）と，その日常の姿勢の厳しさを予感させる雰囲気に，私は心地よさを感じていた。

　何より，小学校という場でスーツを着用し，ネクタイを締めている光景は，当時の私には物珍しかった。附池小では，授業もスーツを着て行う。授業とはフォーマルな場であるという考え方と，児童が制服を着ているのだから，教師がスーツなのは当たり前だという考えからである。公立小学校では，多くの場合，教師は私服，あるいはジャージ類で授業をしている。そのような風潮の中，スーツを着ている附池小の教師を，「気取っている」「そんなものを着ていたら，子どもたちと活発にかかわれない」などと揶揄する声も聞かれた。しかし，その言葉が詭弁であることは言うまでもない。附池小の教師は，スーツにネクタイを締め，いつでも走れる運動靴を履いて，万が一の備えを常にしている。事件を起こしてしまった学校の教師に緩みは許されない。ジャージを着てスリッパを履いて授業をしながら，「動きやすい」もあるまいと思う。

（2）M先生の言葉

　歓迎式に話を戻そう。

　その年，2005年は，事件後に改築された新校舎に移って2年目の年であり，事件後ようやく，本来の国立附属小の姿に戻ろうとしていた，まさに過渡期にあった。具体的に言うと，研究校としての姿に戻ろうとする，その初年度であった。2か月前の2月に，事件後はじめての研究協議会が開催され，その話題が歓迎式の挨拶で出た。

　ランチルームでの初任者歓迎式では，全員が前年度の学年と組，あるいは役割，研究教科を言い，自己紹介をする慣例となっていた。楽しい話題を出す教師が多く，その場は和み，ようやく私たち初任者の顔にも笑顔が出始めていた。しかし，あいさつがある教師の番になったときにその雰囲気は一変した。

　その教師は，私が大学生として教育実習を受けた年に附池小に赴任したばかりの教師で，私の実習担当学年にいた。当時の1年東組の担任をされていて，年齢も近く，実習中，私が憧れた先輩であった。附池小の教育実習は非常に厳しいことで学生の間では有名で，とくに研究授業の事後協議会では，あまりにも厳しく辛辣な先生方の指摘や言葉に，涙を流す実習生も少なくない。褒められることなどほとんどないと言ってもいい。

　私は，算数の研究授業をした。緊張して臨んだ事後協議会で，その先輩教師（ここでは「M先生」と呼ぶことにする）は私の授業の評をこのように言ってくれた。

　「明日にでも教壇に立とうという，覚悟を持った授業でした」

　どれだけ嬉しく，どれほど勇気づけられたかわからない。

　その，M先生が挨拶をする番になった。私は，あこがれのM先生とともに働くことができることを，とても嬉しく思っていた。憧れの先輩教師は立ち上がり，和んだ場を一変させる厳しい表情と口調で言った。

　「私は，研究部長として，先日行った研究協議会の参会者の皆さまから寄せられたアンケートの言葉を読んで，粛々とした気持ちでいます」

　研究協議会とは，当校で毎年，主に2月に開催されている公開授業等のこと

であり，研究校である国立大学の附属小学校では，研究協議会は1年の研究の総決算の役割を持つ。附池小においても，毎年研究協議会は開催されていたが，事件が起きた2001年度からは途絶えていた。研究会が開催できないというよりも，研究活動ができていなかったためと言った方がよいだろう。そして，2005年2月に，事件後はじめてとなる研究会が開催された。事件以前の研究会では，教科教育についての発表が行われていたが，事件後の様々な問題の取り組みをふまえ，主に「心のケア」や「いのちの教育」にかかわるものとされ，道徳と総合的な学習が主とされた。

「粛々とした気持ちでいる」と言った研究部長の言葉の裏には，研究校としての数年のブランクから来る不甲斐なさ，悔しさがにじみ出ていた気がする。だが，初任者の歓迎式の自己紹介に，何もそのようなことを言わなくてもよいと，その場にいた多くの先生が思ったことだろう。それにしても，凛として厳しかった。事件から立ち直っていこうとする学校を，リーダーシップをとって引っ張らなければならない者の覚悟と，その厳しい行く手を感じさせられる挨拶だった。

そしてその2日後，事件で子どもたちの命を失ってしまった学校の厳しさを，ほんの一端だが，実感することになる。

3 附属池田小学校の不審者対応訓練

(1) 赴任して3日目の訓練

小学校の始業式はおおむね4月8日である。大抵の小学校では，4月1日に担任等の発表があり，新年度を新たな気持ちでスタートする。職員室の席の配置は，多くの場合学年団ごとになっているので，教職員にとってはその「席替え」もまた，新鮮な気持ちをかき立てられる。しかしそれが逆によくないこともある。春休み中に学校に遊びに来た児童が職員室をのぞき見て，新しい学年団や担任をいち早く察し，瞬く間に新しい担任のうわさが広まったという笑い話もある。

4月1日に赴任して、担任等が発表され、私は3年南組の担任であり、「学校安全部」に所属が決まっていた。当時の学校安全部は、屈強な30, 40歳代の男性教員で構成されていた。当時の附池小の学校安全部は、安全の「砦」のような意識で構成されていたのである。事件を起こしてしまった学校として、再発防止の観点から、先進的、先駆的学校安全を発信していく要が学校安全部であり、学校安全主任はその長たる者であった。

　附池小に赴任して3日目。4月3日である。当然まだ子どもたちとは出会っていないのだが、当校では春休みのこの時期に、必ず「教職員対象不審者対応訓練」を行う。それは、新年度、学校生活を新たに送る子どもたちが、安全に学校生活を送ることができるように、教職員は万全の準備を整えておこうという心構えから来ている。

　ここでは、教師になってはじめての訓練で見、聞き、実感したことについて述べたい。

（2）災害対応のための5つの班

　附池小では、災害対応に関してすべての教職員が「本部」「災害対応班（アトム班）」「救助班」「児童対応班」「救護班」の5つの役割のいずれかに属している。それぞれの役割を簡潔に説明しておくと、「本部」は職員室に設置され、校長をリーダーとして、状況の確認、情報の伝達、記録等を行う。管理職と事

---

(1) 当校の学校安全部は、事件後に遺族と取り交わした「附属池田小学校事件合意書」（2003年6月8日締結）の「第3条 再発防止策」に、"校務分掌として設置された学校安全部により不審者対応訓練を定期的に実施するなど、外部からの不審者を容易に侵入させることのないよう人的物的措置を講じる。"と明記され、当時はとくに重大な責務とプレッシャーを担っていたと言える。

(2) 災害対応班は通称「アトム班」と言った。理由は、万一の有事の際、放送などで「災害対応班は現場へ急行してください」という連絡を子どもたちが耳にすることで、強い恐怖を感じないで済むようにとの配慮からである。殺傷事件の被害児童たちへの配慮から考えられたことである。ちなみに「アトム」は鉄腕アトムのことであり、鉄腕アトムの作者、手塚治虫氏が附池小の出身であることに由来している。

務職員が主となって構成されている。「災害対応班」いわゆる「アトム班」は，有事の際に「さすまた」や消火器を持って現場に駆け付ける役割で，災害の第一線に立つ。「救助班」は，災害対応時は児童につき，不審者が確保されたあと，不明児童の救助に向かう。「児童対応班」は，有事の際に児童に対応し，さすまたを持って廊下で安全を確保した後，学年の児童を連れて避難場所に行く。「救護班」は養護教諭を主として構成され，けがをした児童や教職員の救護にあたる役割である。

　私は「児童対応班」の役割を1年間担うことになった。

（3）意識と知識の違い
　何となく重みを帯びた緊張感の中，いよいよ訓練の時間になった。まず全員が一つの教室に集まり，役割ごとに事前ミーティングを行う。
　今，「全員」と書いたが，附池小の不審者対応訓練には，まさしく「全教職員」が参加することが必須の条件となっていた。教員はもとより，講師，用務員，給食調理員，事務職員など，すべての教職員である。ここまで揃って行われる訓練は珍しい。私はこれまで，不審者対応訓練の講師として様々な学校や研修会に行かせていただいているが，出張で不在の教師や，勤務時間が16時半までなので，と退出する教師を多く目にしてきた。また，給食関係の職員が参加している学校は目にしたことがない。
　ここに，学校間での意識と知識の違いがある。学校の教職員全員で子どもたちを守ろうという意識は，学校としては当然持っていなくてはならないものだろう。だが，もし給食の時間に，あるいは給食調理室付近に不審者が侵入したら，という考えは，想定はできても，それは避けて考える。そこには，「勤務の実態」というものがある。給食調理員の勤務形態は，調理をすることであり，子どもの安全を守ることではないという意識がある。また，勤務時間外の訓練に残って参加してもらうのは申し訳ない，という意識も働く。私の知る公立学校は，良くも悪くも「勤務時間」というものを非常に大切にする。
　子どもの命を失う事件を経験した附池小が訓練と勤務時間を天秤にかけよう

がないことは，推して知ることができるだろう。ここに，意識の違いが生まれている。なぜ意識の違いが生まれるのかは，知識の違いが大きくあるからである。

　不審者は，いつ侵入するかわからない。
　不審者は，どこに侵入するかわからない。
　子どもの命は，失われる可能性がある。

　このような痛切な知識を，附池小は得たのである。その知識は，痛みを伴ったまま，災害や事件を体験した学校や地域が持っているだけでは，また同じ災禍が繰り返され，悲しみの連鎖が続く。この教訓を発信していくことが大切なのである。それが，本書が担うもっとも大きな役割なのである。

（4）のこされた教師の痛み

　「全教職員」と書いたが，私にとってはじめての不審者対応訓練では，一人の教師がそこにいたにもかかわらず，参加しなかった。いや，参加できなかった。その教師は私より5歳ほど上の先輩教師で，いつも夜遅くまで学校に残って仕事をする熱心な先生である。とても穏やかな話しぶりが印象的で，私もいろいろと相談に乗ってもらったり，教えていただいたりした。
　その教師は事件のとき，被害に遭った低学年の担任をしており，刃物を持って教室に侵入しようとする犯人に直面した。そして，子どもたちに指示を出しながら，無我夢中で犯人に児童椅子を投げつけた。犯人は教室から出ていき，そのクラスからは死者やけが人は出なかった。
　その教師は，訓練に参加することができなかった。訓練が始まると，当時の記憶が蘇り，涙が止まらなくなる症状が出るのだという。それを聞き，ショックを受けた。事件後は，当然児童のケアに奔走しただろう。しかし，教師たちはどのようにケアされたのだろう。当時の話を聞くにつれて，私の中に浮かんできた疑問の一つだった。

"先生たちは，精神的によく持ちこたえましたね"

私は一度，事件時からいる先生に訊いたことがある。その答えも私にとってはショッキングだった。

"事件後対応の日々の中で，気が変になる暇もなかった"

その言葉から，教師たちにとってもどれほど凄惨な日々だったか，私たちは想像しなければならないだろう。

その言葉もまた，大きな教訓なのである。

4　格闘する教師たち

(1)「今，行かなきゃだめだ！」

訓練の事前ミーティングでは，役割ごとに今回の訓練における目標を設定し，発表する。たとえばアトム班であれば，

「前回の訓練では，現場にアトム班のメンバーが2，3人しかいなかったにもかかわらず，犯人と向き合い，闘ってしまった。今回は，犯人を取り囲んで時間を稼ぐことを目標とする」

などである。例に挙げたこのアトム班の反省と目標は，毎回のように出たものだ。理由は，アトム班はすぐに犯人（役）に飛びかかり，格闘してしまうからである。いつも訓練では，附池小の教師たちは武闘派かと見紛う様相を呈していた。警察の方にはもちろん指導を受ける。(3)

「それでは先生たちがけがをしたり，命を失う可能性がある。警察が到着するまでは，とにかく時間を稼ぐようにしてください」

---

(3)　附池小では，年間5回の不審者対応訓練を行う。ほとんどの学校では年間1回，行うかどうか，というのが平均的な状況の中，年間5回の実施は稀である。ただ，5回とも同じ訓練を行うのではなく，うち2回は，教育実習中に実習生とともに行い，1回は警察の方を講師としてお呼びし，さすまたの使い方や訓練全般のレクチャーを受ける。

私たちは，頭ではわかっていた。

しかし，訓練中の忘れられない瞬間がある。

附池小に着任して数年後のある年，私はアトム班に属していた。そして，先に登場した憧れの先輩教師，M先生もアトム班だった。訓練が始まり，校内中に物々しい非常ブザーの音が鳴り響き，不審者（学校安全部の教師）が侵入したことがわかった。

私がさすまたを持って現場に駆け付けると，すでにM先生ともう一人のアトム班の教師が，廊下の真ん中で不審者を前にし，さすまたで威嚇しながら動きを止めようとしていた。私もすぐに参加し，さすまたを構えた。しかし，不審者は興奮していて，早く動きを止めなければ，近くの教室に侵入し，児童が傷つけられる恐れもあった。

私たちは逡巡していた。その日の訓練でアトム班が立てた目標は，

「すぐに不審者と格闘しないこと。警察の到着まで時間を稼ぐこと」

だった。前回の訓練の反省から，とくに強くそのことを確認し合っていた記憶がある。教師がけがをしてしまっては，児童を守らなければならない人員が減ってしまうのだと。

だから逡巡していた。そのとき，横でさすまたを振りかざしながら不審者を威嚇していたM先生が，今にも不審者に飛びかからんとする姿勢を示した。その様子を察したもう一人のアトム班の教師が叫んだ。

「Mさん！時間を稼がないと！」

次の瞬間，M先生が言った言葉が忘れられない。

「今，行かなきゃだめだ！」

（2）正解のない問い

M先生は，さすまたを不審者の足元に突き付けながら，不審者を倒そうと試みた。すぐに私ともう一人のアトム班の教師で，不審者に飛びついた。

また，不審者と格闘し，訓練を終えた。「時間を稼ぐ」という目標を達成することができなかった。

訓練後は再び教室に全員が集まり，事後ミーティングを行う。各班で，事前に立てた目標を達成することができたか，できなかったのなら，その原因は何か，新たな課題は何かを徹底して話し合う。

この日の訓練の，アトム班の反省点は，「あのとき，待てなかったのか」に尽きた。そして，恐らく永遠に解決できない課題に直面した。

あの瞬間のM先生の判断は，

「今，不審者の動きを止めなければ，多くの子どもたちが犠牲に遭う可能性がある」

というものだった。実際に不審者と対峙していたのは廊下の中央付近で，もしも曖昧な対応を続けていたら，激昂した不審者に突破され，児童のいる教室に侵入され，事件のときのような悲劇が起きてしまう可能性は否定できない。

しかし同時に，「今，行かなきゃだめだ！」というM先生の判断のもとで，不審者に飛びかかった私たち3人の教師は，おそらく一人，あるいはそれ以上が不審者に刺され，死傷していただろう。

論点はここにあった。

身を挺して不審者の動きを止めるべきだったのか。

たとえ突破される可能性があったとしても，時間を稼ぐことを優先するべきだったのか。

正解はない。もしも訓練ではなく，これが本当の有事であったなら，正解は後から生まれる。安全の正解は，結果だけが物語る。

M先生のとっさの判断で不審者に飛びつき，子どもたちに被害が及ばず，教師もけがをすることなく不審者を取り押さえたなら，「正解」となる。

逆にこのとき，時間を稼ぐことを優先し，結果，不審者の教室への侵入を許し，児童が死傷する結果となれば，これはあってはならない「不正解」となる。

この訓練でのM先生の判断について，いくら話し合っても平行線を辿るだけである。しかし，それが大切である。正解かどうかはわからないが，自分ならこうする，自分の考えはこうだ，という認識を新たにし，学校の，児童の

第Ⅰ部　事件・災害の教訓から学ぶ

日々の安全のために，訓練を生かしていくことが大切なのである。

5　不審者対応訓練で犯した2つのミス

(1) 訓練の経過

　私にとってはじめての不審者対応訓練の話に戻そう。

　事前ミーティングが終わり，全員がいったん解散し，それぞれの日常の持ち場についた。ここから先は，いつ，どこに不審者が現われるのか，私たちにはわからない。そのことを知っているのは，不審者役の教師と，学校安全主任から事前にけがをする役を依頼されている教師ぐらいである。[4]

　突然，大きな怒声と非常ブザーの物々しい音が重なり，静かだった校内がいきなり戦場のようになった。私は夢中で，架空の子どもたちに教室の中にいるように声をかけ，教室の扉を閉めた。想定では，教室の中に私が担任する3年南組の児童38名がいる。

　児童対応班として，このとき私がしなければならなかったことは，子どもたちに指示を出し[5]，1m定規[6]を手に取って廊下に立ち，児童の安全を守ることだった。

　しかし，この訓練ではそのような間もなく，教室の扉を閉めながら子どもたちに声をかけている私の目の前を，すごい形相をした不審者（役の教師）[7]が通

---

(4)　訓練の方法や侵入経路，役割等を決め，訓練の全体をコーディネートするのは，学校安全主任の役割だった。また，けが人役とは，不審者とすれ違ったり，声掛けをして刺されるといった役割で，けがをした教師への対応訓練でもある。心肺停止状態などの設定も行い，一次救命処置も行う。

(5)　このときは，不審者の怒声が同じフロアから聞こえたため，近くを通るかもしれないという判断のもとで，児童には教室から出ないように，という指示を出した。

(6)　附池小では，ネームホルダーを着けていない来校者を目にしたときは，手ぶらで対応せず，万が一に備えて（武器になるような）何かを持って対応しようという約束をしていた。しかし，まさかさすまたを持って対応するわけにもいかず，1m定規を使用することにした。そこで，すべての教室の廊下側の黒板に，磁石でつく1m定規を備えている。

り過ぎた。

　このとき，私は1つ目のミスを犯した。

　そして，私は，不審者が3年のフロアに現われ，4年のフロアに向かって走り去ったことを知らせるために（本人はそのつもりで），IDホルダーに着けていた防犯ブザーのチップを外して音を鳴らし，何かを叫びながらその防犯ブザーを職員室の方に投げた。このときの行動をはたから見ると，滑稽に映ったことだろう。意味があったのか，なかったのかわからない。ただ私は，夢中で必死だった。そして，とても怖かったのだ。訓練だとわかっていても，全身が恐怖と興奮で震えていた。

　そしてまた，予想外のことが突然起こった。4年のフロアに行ったはずの不審者が，3年のフロアに戻ってきたのである。そして私の目の前で，小学校という場ではなかなか目にすることはない光景が繰り広げられた。4年フロアから戻ってきた不審者を追うアトム班の教師が，不審者に後ろから飛びついたのだ。不審者とアトム班の教師は，もんどりうって倒れた。私にはその瞬間が，目の前でスローモーションのように映っていた。

　そして次の瞬間，私は無意識に，ただ夢中で，アトム班の教師が倒した不審者の上に飛び乗り，2人で不審者の動きを抑えた。

　私はこのとき，2つ目のミスを犯した。

（2）気づかされた2つのミス

　その後，不明児童の捜索などがリアルに行われ，本部の訓練終了の指示とともに，全員が少し安堵した表情で，事前ミーティングと同じ教室に集合した。そこから，役割班ごとに事後ミーティングを行う。忌憚なく意見は交換され，ときには厳しく，容赦なく同僚のミスを指摘する。

　この事後ミーティングで私は，自分が犯した大きな2つのミスに気付かされた。

（7）　この訓練で不審者役を務めていたのは，当時の学校安全主任の教諭である。体育を専門とし，日頃はとても温厚な先生だった。

先に，この訓練の序盤に"私の目の前を，すごい形相をした不審者が通り過ぎた"と書いたが，本当に「突然」だったのか，児童対応班のメンバーとの対話の中から，私は振り返らざるを得なかった。不審者が侵入してきた方向から，私がいた3年南組までは，ある程度の距離がある。そして，3年南組までに東組（もっとも玄関に近く，この訓練で不審者が侵入してきた場所から近い），西組を通って南組の前を通り過ぎている。たしかに怒声が聞こえ，不審者が侵入してきたことはわかっていた。

　私が犯したミスとは，"4年フロアに不審者を行かせてしまったこと"である。現に，訓練では4年フロアに行った不審者に，私の同僚が刺されて重傷を負っている（という設定）。私が不審者を，せめて3年フロアで止めることができていたら，同僚は重傷を負わなかった。私は，不審者が目の前を通り過ぎることがわかっていながら，その恐怖から逃げたのだろうか。だが，どうやって止めることができただろう。自分一人で止めようとすれば，確実に命を失うような目に遭っていただろう。このミスに対する正解のない自問自答を，ずっと繰り返し，これまでにも何度も思い出したものだ。

　2つ目のミスは，もう一度不審者が3年フロアに戻ってきたときに，不審者に飛びついた場面で犯した。このミスに気付いたときには，私は頭が真っ白になった。

　先に，私は児童対応班であると述べ，その役割を紹介した。児童対応班は，不審者侵入時には1m定規などを持って廊下で安全確認をし，警察が到着して不審者が確保された後は，児童を引率して避難場所に誘導し，人数を確認する。そこで不明児童やけがをした児童がいたときにはすぐに報告し，本部が対応を進める。すべては2001年の事件の教訓からきた方法である。

　再び3年フロアに戻ってきた不審者に，私は飛びついた。これ以上不審者を野放しにしては，被害がさらに大きくなってしまう。飛びついた行為が正解かどうかはわからないが，ミスではなかった。しかし私は，自分の任務を忘れてしまっていた。いるはずの3年南組の児童を，警察の不審者確保後も，ずっと気付かずに放っておいてしまったのである。別の児童対応班が，避難場所の運

動場で3年南組の児童がいないことに気付き，そのことが発覚したのである。
　附池小の不審者対応訓練は，児童がいないときに教職員で行うため，すべては想像を働かせながら行う。目の前にはいない児童を，いるものとして誘導したりする。その難しさはあるが，わたしはこのとき，"役割交代"を行わなければならなかった。不審者に飛びつき，不審者の動きを抑えた私は，大声で仲間に，3年南組の児童を託さなければならなかったのである。これが訓練ではなく，実際の有事であったらと考えると，本当に沈痛な思いをした。とても苦々しい，はじめての不審者対応訓練だった。

6　下校時間の厳守と子どもの安全

（1）事件の面影

　私が附池小に赴任したのは，2005年4月である。当校で児童殺傷事件が発生したのは2001年6月8日であり，私が赴任したときには，事件から4年近くが経っていた。事件で命を失い，あるいは重軽傷を負ったのは，当時1，2年生の子どもたちであり，私が赴任したときにはその子どもたちは5，6年生になっていた。
　前年度，附池小への赴任が決まった後，赴任するまでの3か月間，私は図書館を訪れては事件時の新聞記事を読んだり，遺族が書いた出版物を読み，できる限り事件のことを知っておこうと努めた。その一方で内心では，事件から4年近くが経っていることだし，それほど事件の影響はないだろうと考えていた。
　しかし，現実は大きく違っていた。学校生活のすべてがとは言わないが，そう思わせるほど，学校全体が，被害に遭った5，6年生を中心に回っていた。
　亡くなった8人の子どもたちは[8]，附池小に「在籍」しており，出席番号もあれば，座席もあった。8人の子どもたちの座席の机上には，遺影が添え置かれ

---

[8]　事件から15年を経て（2016年6月時点），亡くなった8人の子どもたちは，もし存命なら大学生の4回生と社会人1年生になるが，ここでは読者の理解を助けるために，「亡くなった8人の子どもたち」と表記することにする。

ていた。8人の子どもたちの存在は，たしかにそこに「息づいて」いた。

(2) 下校を見送る教師たち

　私が当校に赴任した2005年には，事件時にいた教師のほとんどが在職していた。一方，事件後の様々な経緯の中，早々に附池小を退職し，公立小学校に戻った教師も，幾人かはいた。そのような中，事件後に築きあげようとしている「厳しさ」が，至る所に存在した。

　たとえば下校時間についてだが，4月当初の下校時間は，たしか16時だったと思う。ある日私は，2人の児童を放課後に残し，話をしていた。附属小学校と言えど，子どもは子ども。けんかなど日常茶飯事である。そのときの私の頭の中には，少し下校時刻からは遅れそうだという認識はあった。同時に，大切な生活指導をしているのだから，少しぐらい遅れても誰も咎めはしないだろう，と考えていた。現に公立小学校では，問題のある児童を真っ暗になるまで残して指導している教師はいくらでもいる。また，学習が遅れている児童を遅くまで残して教えている教師も，たくさんいるだろう。私もしかりであり，下校時刻を気にしたことはなかった。

　けんかをした子どもたちへの指導が終わり，2人の子どもたちを連れて児童玄関に向かった。児童を送り届けたら，すぐに当該児童たちの保護者に電話をしなければならない。下校時刻からは5分ほど過ぎていた。急ぎ足で児童玄関に向かった。すると，玄関の扉に2人の教師が，また，下足箱のところに数人の教師たちがまだ残っていた。残っていた，というのは，附池小は下校時，玄関には管理職や他の教師が必ず立ち，下足のところでは，担任やその他の教師が出てきて，子どもたちの下校を最後まで見送るのである。

　気をつけて帰ってね。
　今日もいい1日だったね。
　明日，また学校で会おうね。

　すべてが大切な命と結びついている。当たり前の日常を，当たり前に過ごせ

なかった子どもたちがいたことを痛感する学校が，当たり前のように日々行っていることなのである。

（3）下校時間に対する厳しさ

しかし，そのときはすでに下校時間から5分以上経っていたので，もう誰もいないだろうと高をくくっていたのだが，その予想に反して，多くの教師が児童玄関にいた。そして，私が2人の児童を連れて児童玄関に行くと，教師たちは口々に2人の児童に「さようなら」と笑顔で言い，巡視の当番である日直の教師が[9]，2人の児童と坂道を下り，下校経路へと向かった。

そして，事件時から附池小にいる，学校安全部の一人の教師が私に言った。
「下校時間は必ず守ってください。子どもたちの安全のためです」
その教師は，まだ赴任して間もない私に気遣った笑顔でその言葉を言ったが，とても厳しい目をしていたように感じた。その目を見て，とんでもないことをしたと悟った。

附池小が下校時間を定め，守っているのは，子どもたちが安全に下校できるように，自然発生的な集団下校を促すためである。附池小の子どもたちは，「片道1時間まで」の通学範囲で，様々な方面から来ている。もしも下校時間がバラバラで，学級や学年によって，また，その担任の裁量次第であったなら，「ひとり」で下校する児童が多く生まれるのである。「集団」でいることそのものが，犯罪抑止につながる。私は，児童を守ることに対する厳しい姿勢を，下校時間を守らなかった私を指摘した教師の言葉から実感させられた。

（9） 附池小では，毎日1人（2人の時期もあった）の教員が日直の役割をする。日直の役割は主に，朝の登校時の巡視，休み時間の校内巡視，下校時の巡視，夜の校内巡視，日誌への記録，翌日の日直への引継ぎ等である。

第Ⅰ部　事件・災害の教訓から学ぶ

7　祈りと誓いの集い

(1) 何よりも大切な1日

　学校安全に対する厳しさの実感は，他にも至る所で感じた。

　私にとってはじめての，6月8日に毎年行われる「祈りと誓いの集い」に向けての取り組みでは，あらためて事件が残した禍根を実感する厳しさと，重さを感じた。

　附池小では，2001年6月8日に発生した事件を受けて，「祈りと誓いの集い」が毎年行われている。「祈り」は亡くなった8人のための「祈り」であり，「誓い」は，2度とこのような事件は起こさないという，学校安全への「誓い」である。

　事件があった2001年度においては，2002年2月28日に8人の追悼式として，池田市立のホールで行われた。舞台上や横には各学年からのパネルなどが飾られ，8人の写真の前には，出席者全員から花が捧げられた。

　2002，2003年度は，全校児童・保護者が参加できる会場として，豊中市のホールで行われた。校長やPTA会長・ご遺族代表のお話，児童の誓いの言葉，そして2年生から6年生の各学年の発表などが行われた。2004～2006年度は外部の施設ではなく，当校の体育館で行われた。舞台上には8人の大きな写真と，全校児童が作った折り鶴のパネルが飾られた。そして，2007年度以降，2016年度に至るまでは，当校の芝生が青々と茂る広場に立つ，「祈りと誓いの塔」の前で行われている。

　5月のある日の職員会議で，いよいよ「祈りと誓いの集い」に向けての提案がされる会議の冒頭，当時の副校長はこう言った。

　「6月8日は，本校にとっては何よりも大切にしなければならない1日だ。絶対に失敗や過ちは許されない」

　一瞬にして，その会議の場は緊張感と重苦しい雰囲気に包まれた。そして，夜な夜な学年で，「祈りと誓いの集い」に向けての取り組みの話し合いを繰り

返した。何しろ，私が赴任した年に担当した学年（3年）には，2組の遺族，事件で姉を亡くした2人の児童が在籍していた。

　赴任したばかりの私に，遺族の児童を担任する重責を学校が担わせるはずもなく，また，遺族が望むはずもなく，遺族がいる東組と西組はベテラン教師が担任した。しかし，同じ学年に属していたことは，私の附池小でのその後に，大いに影響した。

（2）お参りで突き付けられた事実

　遺族の児童を担当する学年は，学期に数回，放課後やもっと遅い時間に，遺族，担当カウンセラー，学年団，管理職でミーティング（ケース会議とも言った）を行う。たとえば，当時担任していた3年生の場合，夏に林間学舎が行われる。その前にミーティングを行い，遺族児童の安全面などについて学年の意向や方法を示し，ご遺族に安心していただかなければならない。他のすべての児童の安全を守るという意識は当然あるのだが，やはり当時は，遺族児童は特別であるという意識が誰にもあったように思う。それは，「二度と失ってはならない命」だからではなかっただろうか。明確に言うことはできないが，そして当然のことなのだろうが，遺族に対する意識には特別なものがあった。

　「祈りと誓いの集い」の前のミーティングは，さらに重要度を増した。何よりも，理不尽に我が子を失った日が近づくにつれ，遺族の様子が変わっていく実感があった。

　また，5月末から6月にかけて，土曜日や日曜日を利用し，希望する教員で遺族宅を訪問し，仏前にお参りをする。私がはじめて，亡くなった児童の家を訪問し，お参りをさせてもらった瞬間は今でも忘れない。

　管理職を先頭に，希望する教員10人ほどでお参りに行った。蒸し暑い，6月の初めの土曜日だったと思う。順番に玄関から入るとき，笑顔でご両親に迎えていただき，少し緊張がほぐれた。しかし，仏壇が備えられている部屋に通されたとき，私は絶句し，何かとんでもない場所に来てしまったような衝撃を受けた。その部屋に入るなり目に飛び込んできたのは，亡くなった児童の，愛ら

しい笑顔いっぱいの大きな遺影だった。周りには，所狭しと，亡くなった児童が描いた絵画や，折り鶴などが飾られていた。

　まだ拙い絵で，その子は小学校2年生のまま，残酷にも時が止まってしまったままなのだということが，痛烈に突き付けられているようだった。その笑顔や作品を見ていると，強く胸に迫るものがこみ上げた。このころから私の中に，ある感情が芽生えるようになる。その感情は，はじめての「祈りと誓いの集い」の中で明らかに自分の中で表出した。それは，ある種のコンプレックスだった。

（3）「事件を知らない」というコンプレックスの芽生え

　私にとってはじめての「祈りと誓いの集い」は，体育館で行われた。事件時，小学校2年生で7人の友達を失い，もっとも被害の大きかった学年の，最後の「祈りと誓いの集い」だった。事件で命を失った児童8人の大きな遺影が体育館の舞台上に飾られ，全校児童による折り鶴の作品がその左右に飾られた。この年，2005年度の，事件から4回目の「祈りと誓いの集い」は，まだ追悼式の様相を色濃く残していた。各学年が歌や言葉で，亡くなった8人に向けて，これからの学校安全と，命を大切にする想いを誓う。

　そして式が終わった後，午後からは様々な人が「祈りと誓いの塔」に来て，花を供え，手を合わせる。私たち教職員は，その訪問客に対応しながら，合間にミーティングを行った。そのとき，先輩教師に，はじめての「祈りと誓いの集い」を終えて，どう感じ，何を思ったかと質問された。

　私は，ある光景を思い浮かべていた。「祈りと誓いの集い」の最後に，参加者全員が立ち上がり，「一つの花から」という歌を歌う。当時の音楽専科で，事件時にもいた教師が選曲したもので，今でもずっと，「祈りと誓いの集い」の最後に歌い継がれている歌である。その歌のとき，歌っている周りの教師から，いくつもの嗚咽が聞こえてきた。そして私は，遺族の方を見た。子を失った父親の一人が，うつむき，肩を震わせていた。

　どれだけ辛く，悲しいだろう。その苦悶と悲痛は想像を絶するものだろう。

私は一瞬，鼻の奥で，ある種の痛みを感じ，歌う声が震え，涙が溢れそうになった。しかし堪えた。私などが，泣く資格などないと思った。この遺族の悲しみ，事件のとき，子どもたちを守れなかった教師たちの悔恨を理解したかのように，涙を流してはいけないと，強く思った。

"自分は，事件を知らないのだ"

この事実が，附池小で勤める私の中に，拭えないコンプレックスとなって根付き始めていた。

8　2005年度の卒業式

　私が赴任した2005年度から2年間の卒業式は，一般的には考えられない，特殊で痛切なものだった。

　その卒業式について，私がその場で体験し，見て，感じたままを紹介することによって，学校で子どもの命を失うということはどういうことなのか，なぜ，学校の安全を声高に訴えなければならないのか，感じ取ってほしいと思う。

（1）当たり前であるはずの学校キャンプ

　この年の卒業生は，事件があった2001年は小学校2年生だった子どもたちであり，7人の女子児童の命を失い，もっとも被害の大きかった学年である。中には，重傷を負った児童や，目の前でおぞましく，記憶から消し去ることができないような光景を見た児童もいる。したがって，特段の配慮が必要な学年だったし，それだけに，当たり前のことが当たり前にできなかった学年であり，また，当たり前のことができたときに，それができることの喜びを誰よりも強く感じた学年だっただろう。

　たとえば，当校では小学校2年生の7月初旬に学校キャンプを行う。家を離れ，学校で一泊する宿泊行事である。学期中の平日に行うので，朝は他の学年と同様に，いつも通りに登校する。そして，保護者による引率ボランティアのもと，夕食の飯ごう炊さんの材料の買い出しに出る。

私が2年生を担任したときのことを思い出すと，雨の中の買い出しで，子どもたちは足元も衣服もずいぶんと濡れ，学校に到着するまでに，坂道で袋から野菜がこぼれ落ちたりするなど，まるでテレビ番組の「はじめてのおつかい」の様相を呈していた。担任団は夜も順番に巡視をするなど，ほとんど眠ることもできず，翌朝，子どもたちは元気だが，大人は疲れ果てて声も出ない有様が通例である。

　しかし，それだけに思い出も多く，子どもたちも2日間でひと回りもふた回りも成長したように感じられたものだ。

　だが，事件時に2年生だった子どもたちは，その学校キャンプを行うことができなかったのだ。本来，学校キャンプを行うはずの2001年7月は，6月8日の事件以降，8月27日の，仮設校舎での学校再開までの休校期間中だった。たとえ休校していなくとも，実施は不可能だったことは明白である。

　「当たり前」であるはずのことが，できなかったのである。

　しかし，それから4年後の2005年7月。学校や保護者，子どもたちが力を合わせ，当該学年の児童が6年生の夏，学校キャンプが実施された。2年生で行うはずの学校キャンプを，6年生で実施したのである。子どもたちはまるで，2年生のときに楽しむことができるはずだったこの瞬間を取り戻そうとするかのように，笑顔いっぱいでそのときを楽しんだ。一緒に楽しむことができたはずの，亡くなった友達の分まで取り戻そうとしているかのようだった。

　当たり前であるはずの喜びを，子どもたちなりに実感していたのではないだろうか。

(2) 体育館での2度目の卒業式

　そして，事件時2年生であり，6年生になってようやく学校キャンプを実施することができたその子どもたちが，卒業する日が来た。前述したように（p. 17），亡くなった7人の子どもたちも6年生である。出席番号もあり，毎年進級して6年生になっていた。したがって，当然のことながら卒業証書もある。卒業証書授与のときは，亡くなった児童の名が呼ばれ，その子と当時，仲のよ

かった児童や希望する児童が，返事をして卒業証書を受け取った。卒業式の入退場も，亡くなった子どもたちの遺影が入退場した。

　卒業式のすべての過程が終了し，教職員は本来であれば職員室で一息つき，皆で昼食を摂りながら，卒業式談議に花を咲かせているところである。しかし，この年は違った。いや正確には，この年とその翌年の2年間は，附池小にとっては特別な卒業式となった。

　この年，2005年度の卒業式を終え，子どもたちを花道で送り出し，恒例の運動場での撮影会も終えた後，私たち教職員は再び体育館へと向かった。そして，誰もが無言で，舞台から向かって右側の職員席で，2列に並び，起立の姿勢で何かが始まるのを待っていた。体育館には，気心の知れた仲間である私たちしかいないのに，私語の一つも，咳払いもなかった。

　つい先ほどまで，荘厳で厳粛でありながら，感動的だった卒業式の名残は姿を消し，卒業生たちが座っていた椅子類はすべて片づけられ，舞台の正面に十数脚の椅子が一列に並べられていた。

　静寂は，足音と，体育館の入り口から聞こえる少しの話声で破られた。体育館に，事件で子どもを失った7組の遺族が入場し，並べられた椅子の前に立った。

「ただ今より，平成17年度，卒業式を行います」

　さっきまでの卒業式とまったく同じピアノの合図で，私たちと遺族は礼をした。

「卒業証書，授与」

　そして，舞台上から副校長が呼名すると，その，亡くなった児童の遺族が，「はい」と返事をして舞台に上がり，卒業証書を受け取った。そのようにして，7家族に卒業証書が手渡された。そして，

「以上を持ちまして，平成17年度，卒業式を終了します」

と副校長がアナウンスし，私たちは，再びピアノの合図で礼をした。

　同時に私の目の前で，非常に辛く，悲しく，衝撃的な光景が繰り広げられた。遺族たちは，形振り構わず号泣した。その卒業式は，この世から完全に，事件

で亡くなった子どもたちの「籍」が無くなる瞬間だった。床に突っ伏して泣き崩れる遺族もいた。ある遺族は，事件後に，どうして娘を守ってくれなかったのだと，その怒りを露わにぶつけた教師を，抱きかかえるようにして号泣した。お互いに辛かったね，と言っているかのようだった。その教師は，遺族に抱きかかえられながら号泣した。すみませんでした，すみませんでした，と，言葉にならない声で叫びながら泣いていた。そのまま2人は，床に崩れ落ちて泣いていた。

またある遺族は，一人の教師の手をさすり，頬に当てながら，床にひざまずいて泣き崩れていた。その教師の手は，その遺族の愛する娘が，突然暴漢に襲われ，切りつけられ，そこから溢れる鮮血を止めようと，その傷口に当てられていた手だった。娘の最後の，温かい血に触れていた手だったのだ。

職員席で立ったまま，他の教師も皆泣いていた。私も，体が震えて止まらなかった。こんなにも悲しい光景は，見たことがなかったほどだ。

しかし私は，涙をけっして流してはいけないと思った。私などが，この遺族の悲しみ，事件の場にいた教師たちの悲しみや苦しみと，同じ所で涙など流してはならない。私には，この人たちの悲しみの強さがわかるはずなどない。

そう思いながら，歯を食いしばっていたことを覚えている。

9　2006年度の卒業式

（1）2006年度の卒業生

2005年度の「2度目の卒業式」と同様に，2006年度も附池小の卒業式は2度行われた。

この年の卒業生には，2001年の児童殺傷事件で殺害された8人の児童のうち，唯一の男子児童，そして唯一の小学校1年生の被害者となった児童がいた。

午前中の全体での卒業式では，前年度と同様に，被害児童と仲のよかった友達が卒業証書を受け取った。そして卒業式を終え，児童や保護者が，卒業を祝う春の日差しの中，晴れやかな表情を浮かべて帰っていくのを見届けたあと，

私たち教員は2度目の卒業式を行うその場所に向かった。

　そこは，2005年に2度目の卒業式を行った体育館ではなく，校舎の東館1階にある「スタジオ」という場所だった。被害児童が，これから始まる小学校生活への期待に胸を膨らませて入学してから，たった2か月しか通うことのなかった，「1年南組」があった場所であり，奇しくも私が，教師になる前に，教育実習で1か月余り学び，教師になる夢を抱かせてくれた場所であり，そして，被害児童が暴漢に襲われ，命を失った場所である。

（2）仮設校舎と新校舎

　2006年度の2度目の卒業式が行われた「スタジオ」という場所について，説明を加える上で，「新校舎」について，ここで若干の説明を加えておきたい。

　先に述べたように（p. 24），2001年6月8日の事件以降，附池小は8月27日まで実質上の休校状態に入った。その間，教師たちは家庭訪問を行い，児童のアフターケアに努めるなど，学校再開に向けて少しずつ進み続けていた。しかし，どこで学校を再開するのかという問題が残った。事件があった場所で学校を再開することはできない。そこで大阪教育大学池田分校跡地に仮設校舎を建てた。その校舎は，「新校舎」を建てるまでの暫定的な校舎という位置づけだったが，それでも，事件を目の当たりにし，不安感を拭えない児童の心身の状態に配慮し，「不審者の侵入を許さない，地震，火災などの災害に備える」ための教室配置や校舎が考えられた。保護者説明会での保護者からの要望も参考にして仮設校舎は建てられた。

　2001年8月27日に，建設された仮設校舎で学校は再開され，仮設校舎での学校生活は2年半に及んだ。2004年4月から，新校舎での学校生活は始まったが，児童のメンタル面に配慮し，直ちに新校舎での学校生活を再開するのではなく，準備期間を設けて，少しずつ校舎に慣れていくようにした。

　新校舎は，遺族や学校関係者の知恵と願いが集結したものとなり，現在においても日本のみならず，海外からも視察団が訪れる。

(3) 2度目の卒業式

　この場所，附池小の新校舎にある元1年南組の教室であり，現在の「スタジオ」で卒業式を行うことを考え，希望したのは，この場所で亡くなった児童の遺族だった。そして遺族は，我が子が倒れていた教室の出入り口付近で，その倒れていた位置の真上で，当時の担任から卒業証書を手渡されることを希望した。当時の1年南組の担任は，2006年にはすでに附池小を離れ，公立小学校で勤務していたので，この卒業式に合わせて当校を訪れた。

　2006年度の2度目の卒業式は，やはり前年度，7人の亡くなった児童を送り出した2度目の卒業式と同様に，悲痛極まりないものだった。2列に並んで立ち，目の前で繰り広げられるこの卒業式に同席した教員たちからは，始終，むせび泣く声が聞こえていた。

　当時の担任から遺族へと，亡くなった児童が倒れていた場所の真上で卒業証書が手渡されたとき，あらためて，なぜここで，なぜこのような無残な形で，一人の小学校1年生が命を失うことになってしまったのだろうと思った。どれほど怖くて，痛くて苦しかっただろうと想像した。そして，2度とこのような悲劇が繰り返されてはならないのだと，強く思った。

(4) 事件時にいた教師，事件後に来た教師

　2006年度の2度目の卒業式が終わり，遺族が退室し，スタジオには私たち教員だけが残った。誰もが言葉を失い，重い沈黙があった。その沈黙を断ち切るかのように，一人の教員が皆の前に出て話をした。その教員は，後に特例で当校の校長となる佐々木靖先生である。特例と書いたが，通例の場合，附属学校園の校長は，その附属学校を所轄する大学の教員（教授）が，大学の校務として学長に任命される。しかしこの当時（2005年以降），事件で大きな被害を受けた，事件時に1，2年生だった児童が卒業していくのを契機とするかのように，事件時にいた教師たちが次々に附池小を去っていった。事件時にいた教師がいなくなってしまい，事件が風化することを懸念した遺族の思いを酌み，大学が内規を改訂し，特例で一人の教員が校長になったという経緯がある。

実際に，当時マスコミは，「事件時にいた教師，事件後に来た教師」という2つの括りで私たちを分けようとしていた。そしてそこに，事件の風化の懸念を重ねる論調が出始めていたのである。
　「事件後に来た教師」という言葉は，非情なまでに端的に，ダイレクトに私のコンプレックスの源を言い当てていた。誤解のないように言っておきたいのだが，ここで私が言うコンプレックスとは，「事件の現場にいたかった」という，あまりにも不謹慎な，そして非現実的なことを言っているのではない。それを別の言葉で言い表すとすれば，「安全を語ることに対する気後れ」だっただろうか。
　当然のことながら，国中の，世界中の至る所で安全は語られ，取り組まれていて然るべきである。しかしながら，附池小で語られ，言葉にされる「安全」は特別なものだった。その「安全」という言葉や取り組みの背景には，必ず，亡くなった8人の児童の失われた命があり，遺族の思いがあり，惨劇を目の当たりにした教師たちの悔恨と，そこから生まれる強烈なまでの責任感があった。
　私には，その何れも持つことが不可能であるという事実が，私のコンプレックスそのものだった。しかし，佐々木先生の言葉でこの日，2年間引きずったコンプレックスが払拭されたのである。

(5)「卒業式は1度だけの学校にしなければならない」
　2度目の卒業式が終わった後の，佐々木先生の言葉に話を戻そう。
　沈痛な雰囲気の皆の前に出た佐々木先生は，私たちにこのような話をした。
　「今マスコミは，事件時にいた教師，事件後に来た教師，という言い方をする。しかし今，この場にいたもの，この卒業式の場にいたものは，事件時，事件後という括りではなく，皆同じ思いでいてほしい」
　私はこのとき，自分の中から，何か重い足枷が外れたような感覚になった。単純な言い方をすると，2年経ち，ようやく附池小の一員として認められたような気持ちになったのだ。
　そして，佐々木先生は言葉を続けた。

「卒業式は1度だけの学校にしなければならない」

　この言葉を聞き，私は体が急に熱くなったことを覚えている。その熱さは，羞恥から来るものと，前へ進もうとするエネルギーから来るものが合わさって生まれたものだった。

　羞恥とは，これまで抱え込んできたコンプレックスの存在だった。もはやそのような情けない感情に左右されていてはだめだと痛感した。そして，卒業式は1度であるという，当たり前であるはずのことにむけて，努力しなければならない学校にいるのだということを実感した。

　その卒業式を終えた2006年度の終わり，3月31日に，また数名の，事件時にいた教師が附池小を去った。私はもう，事件後にきた教師という括りではなく，伝えていく立場になっていかなければならない。そのような自分を作り，支える上で夢中になって取り組み始めたのは，不審者対応訓練をはじめとする学校安全対策における取り組みの追求と，安全教育の授業開発だった。

第2章

教師にさすまたは必要なのか
——子どものいのちを守る教師の役割——

1 「教師のいのちの重さ」への問い

（1）特殊な環境を離れてわかったこと

 2001年6月8日に発生した大阪教育大学附属池田小学校児童殺傷事件では，8人の児童が命を失い，15人の重軽傷者を出した。

 15人の重軽傷者は，すべて児童であると受け取られがちである。しかし，この事件の犠牲者に関する情報の表記では，多くの場合，カッコ付きで次の文言が入っている。

 （うち，教員2人を含む）

 児童の命よりも，教師の命は軽いとは，誰も言うまい。しかし，2人の重傷を負った教員のことは，カッコ付きで書かれていた。学校の中にいて，守られるべき児童が命を失い，重傷を負い，怖い思いをした。そのなかで，児童を守るべき教師が傷つくことは，大きな問題としては取り上げられなかったという事実がある。

 第2章を立てた理由はここにある。

 そして，本書を執筆する大きな動機の一つもここにある。

 私が大阪教育大学附属池田小学校（以下，附池小）に勤務していたとき，縁あって多くの学校で不審者対応訓練の指導助言を行ってきた。そこで私は一貫して，「もっと真剣に考えて，真剣に訓練しないと，子どもたちを守ることはできませんよ」という論調や態度を示していたと思う。それだけのことを自分は，そして自分たちの学校はやっているのだという自負があったからだと思う

が，今思えば，ずいぶんな無理を教師たちに押し付けてきたのではなかっただろうか。

しかし，附池小を離れ，小学校の教員をやめ，大学の教員となり，研究者となった今だからこそわかったことがある。

私は附池小にいた当時，特殊な環境の中で，特殊なエネルギーを持って日々を過ごしていた。わかりやすく言うと，小学校内に暴漢の侵入を許し，児童8人の命を失った学校という特殊な環境の中で，その事実を教訓として，学校安全の取り組みを世に発信し続けなければならないという，特殊なエネルギーに衝き動かされていたのである。

（2）IDカードへの意識が変わった学校

附池小を離れ，客観的に，あるいはこれまでとは視点を変えて，学校安全について考えるようになった。そしてある日，自分の目が，考え方が大きく変わろうとしていることに気づく場面があった。

大学教員になった今も，学校安全セミナーなどで講演に行く機会や，小学校の防犯研修の講師として呼ばれる機会も多い。その中でも，附池小時代に4年ほど継続的に講師を務めた小学校があるのだが，その学校には，大学の教員になった今でも講師として呼んでいただき，防犯研修の指導助言という形で訪れる。

はじめて当校を訪れたのは2009年だった。夏休みも終わりに近づいたある日の午後，学校安全研修で，私は当校の教師たちに向けて，90分の講話を行うということになっていた。その冒頭に私は先生方を眺め，あることに気づいた。それは，IDカードの着用率である。30人ほどの教員で，IDカードを着用しているのは4～5人だったと思う。そして，一番前に座っていた校長先生に私は聞いた。校長先生もIDカードを着けていなかった。

「IDカードを着けている先生が少ないですね」

すると校長先生はこう言った。

「今は夏休みですから」

これが，多くの学校の，あるいは教師が持つ安全意識の実態だろう。私はこの後の90分の講演の中で，IDカードが果たす，学校安全の役割について強く語った。当時の私の感覚では，校長先生の，夏休みはIDカードは着けなくともよいという感覚は，著しく安全意識が欠如したものと感じられた。したがって，ずいぶん強く，ある意味高飛車な話し方をしていたかもしれない。しかし，この学校に翌年も研修講師として訪れたとき，教員全員がIDカードを着けていた。そして，前年に「夏休みですから」と言った校長先生が笑顔で言った。

「昨年の先生のお話から，全員が何も言わなくともIDカードを着けるようになったんです」

附池小の事件をもとに発信される教訓が，ダイレクトに生かされた一つの例である。

このように，私の話を受けて実践に移してくれるような真摯で熱心な学校だからこそ，大学の教員として，附池小という特殊な環境を離れてはじめての当校での研修で，私は，学校安全に対する教職員の役割に関して，自分の目が，考え方が大きく変わろうとしていることに気づく場面があったのである。

(3) 戸惑いながらさすまたを振るう教師たち

毎年，私を研修講師として呼んでくれるこの学校の安全担当者と打ち合わせをしたとき，今年は実際に訓練をするから見てほしいと言われた。毎年私の話を聞いて研修を受けてきた教員が，今年大幅に入れ替わったので，もう一度訓練をして私の講評を受け，自分たちの学校安全についてしっかりと考える機会にしたいとのことだった。何と立派な心掛けだろうと感銘を受け，私は当日の訓練を期待していた。

当日，不審者役をする先生は，30歳前後の男性教員で，若手の部類に入るだろう。ここでは仮に，S先生と呼ぶ。S先生と私は，訓練開始前の短い時間で，侵入ルートや簡単なシナリオを考える打ち合わせを終え，訓練の開始を待った。S先生の表情は，緊張感に満ちていた。

訓練は，S先生の演技で始まった。手に何か刃物のようなもの（画用紙で作

ったもの）を持ち，肩を怒らして歩いた。教室の前で大声を上げ，担任の教師を威嚇した。訓練で与えられた役割をこなそうと，真摯に取り組むＳ先生の演技は，迫力に満ち，見ている私まで恐怖心を抱いたほどだった。しかし間もなくすると，私は別の恐怖心を抱いた。

　不審者役のＳ先生のもとに，さすまたを持った男性教員が近づいてきた。この教員も真剣そのものだった。不審者の動きを止めようと，さすまたをＳ先生に振りかざした。さすまたは，本物の不審者を威嚇し，動きを止めるための物である。武器である。重くて硬く，訓練とは言え，うまく加減しなければ大けがをする。

　真剣に訓練を全うしようとする男性教員２人は，その真剣さのあまり格闘を始めた。附池小の訓練でも，警察が来るまで時間を稼ごうという目標を決めながら，よく格闘になって反省をする。何度もけがをした。しかし私たちは，そのような訓練を年間５回行っているだけに，訓練に対しては熟練していたと言える。これまで大けがもなく訓練が行われてきたのは，うまく加減ができていたからではないだろうか。

　しかし，Ｓ先生たちは，まだ加減を知らなかった。そのうちに他の教員も駆けつけ，不審者のＳ先生はもはやどうすることもできない状況だった。私ならこの時点で，「捕まえられる」という判断をするだろう。しかしＳ先生は頑張りすぎた。私は，Ｓ先生がけがをするという不安に駆られ，訓練を止めようかと躊躇していた。その躊躇の瞬間，無言で格闘する男性教員たちがＳ先生を押し倒し，廊下にドスンという鈍い音が響いた。私は直ちに訓練の終了を促し，先生たちを止めた。Ｓ先生の上に乗っていた３人の男性教員が立ち上がると，そこには顔をしかめ，口を切って出血しているＳ先生の姿があった。

　私はこの訓練の後，講話の中で先生方をねぎらいながら，自分でも思いもしなかった言葉を言っていた。私はこの学校の，真剣そのものの訓練を見ながら，何か切ないような思いに駆られていた。

　不審者役のＳ先生に向けて，恐怖心に駆られながら，慣れないさすまたを構える女性教師。

右往左往して戸惑いながら，ただ強張った表情で何かをしようとしている先生。

真剣に取り組み，けがをしてしまったS先生。

誰もが真剣で，まじめに真摯に取り組んでいた。できない自分たちを目の当たりにしながら，恐怖に駆られながら，手を抜くことなく必死になって十数分の訓練に取り組んでいた。なぜそこまでできたのか。それは，「子どものいのちを守らなければならない」という職責を全うしようとしていたからである。それが，教師という職業に就く多くの人々が持つ特性である。少なくとも，この学校の先生方に，私はその特性を強く感じていた。だからこそ，私は先生方にこのようなことを言って，自分で驚いた。

「さすまたを振り回して安全を守るのが，先生方の，教師の仕事でしょうか」

教師はガードマンではない。教育者である。犯人を取り押さえることが仕事なのではなく，安全やいのちを子どもたちに学ばせることが仕事である。このとき，先生方に思わず言った言葉に，自分自身で何かを気付かされたような思いがした。学校安全について，また別の視点が自分の中で芽生えはじめていた。

2　附属池田小学校児童殺傷事件で重傷を負った教師

（1）重傷を負った2人の教師

附池小の児童殺傷事件では，2人の教師が重傷を負った。そのうちの一人，K教諭は，最初に犯人とすれ違った教師であった。担任するクラスの一部の子どもたちに，授業で栽培していた植物の水やりに行かせ，その子どもたちのもとに行く途中，犯人とすれ違った。教室には多くの子どもたちを残していた。騒ぎのような物音を聞き，K教諭が教室に戻ったときには，目の前で信じがたい惨劇が繰り広げられていた。K教諭は無我夢中で犯人に飛びかかり，包丁の一部分で頭を殴られて重傷を負った。

重傷を負ったもう一人は，T教諭である。担任するクラスは専科教員が授業を行っていたため，T教諭は教室にはいなかった。騒ぎを聞きつけ，T教

諭はその騒ぎのもとを突きとめようと走った。その最中に犯人と1対1で対面した。防御するすべを何も持たず，手ぶらだったT教諭は，犯人に正面からタックルを試みた。T教諭はその背中を犯人に切り付けられ，生死をさまよう重傷を負った。

K教諭は，事件の年に附池小の教員を退任した。想像だが自身が教員として残ることが無理だったのだろう。最初に犯人とすれ違いながら，子どもたちのもとに犯人を行かせてしまったのである。しかし，誰なら止めることができたのだろう。自分だったらどうだっただろうかと，想像を働かせることが大切である。はたして自分なら，IDカードを着けていない，日常的に来校者が多い学校で，また，「安全」と絶対的に信じられていた学校で犯人とすれ違ったとき，それを不審者であるという認識を持ち，止めることができただろうか。しかし，そのことにより，大切な子どもの命を失うような惨劇が起きた以上，子どもを殺そうという意思を持って侵入した犯人だと気付くことは可能だったのかという議論以前に，最初に犯人とすれ違いながら，侵入を許したということだけが，当事者にとっての事実なのだろう。

附池小を退任したK教諭は，某市に戻って教師を続けたが，その後，私が本人にお会いする機会はなく，K教諭に関する話を聞くこともほとんどなかった。したがってここでは，犯人にタックルをして重傷を負ったT教諭の行動から，教訓として取り入れるべきことを紹介したい。

（2）想像を働かせるということ

T教諭は，侵入した暴漢と1対1になったとき，その足元にタックルした。このとき，T教諭はどれほどの恐怖心を抱いたのだろう。はたして，その自分の行動が犯人の動きを止めることができると判断してのことだったのだろうか。あるいは，死をも覚悟しての，教師としての使命感がさせたことだったのだろうか。

もしこのとき，暴漢と対面したT教諭が踵を返し，暴漢から逃げていたら。そしてその結果，暴漢の動きをより自由にし，被害が拡大していたら。

そしてもし，T教諭ではなく，暴漢と対面していたのが自分だったら。目の前には，人とは言えない，鬼のような形相をした大男が立ち，手には包丁を持っている。手ぶらの自分が立ち向かえば，命を失うだろう。しかし，逃げたら学校の中でとんでもないことが起こる。その状況の中，自分ならどうしたか。

T教諭は，手ぶらで暴漢に立ち向かい，重傷を負った。夕方のニュースではT教諭が死亡したという報道が誤って流され，同僚たちは愕然としたという。

このときのT教諭の状況から，附池小では「手ぶらで対応しない」ということを一つの教訓とした。以来，当校の全教室の黒板廊下側には，磁石式の1m定規が設置されている。万が一，IDカードを着けていない不審な人物がいたときは，さりげなく1m定規を黒板から外して持ち，「どちら様ですか？」と声かけをする訓練を繰り返し行ってきた。1m定規であれば，武器というイメージもなく，不審者を不必要に興奮させることはないだろうという考えからである。

また，私が当校に赴任した当初は，IDカードホルダーのひもに，必ず1本のボールペンをひっかけておくことが決められていた。ボールペンも，いざというときの役に立つ。

二度と繰り返されてはならない，T教諭が立たされた状況から，私たちは多くのことを想像し，自分ならどうしたか，どうするべきだったかを考え抜くことが大切である。それが，残された教訓を拾う，つかむということなのである。

（3）負傷したことを家族に伝えるとき

2011年，年度初めの4月に行った教職員対象不審者対応訓練のときのことである。この年は，事件から10年という節目の年であり，その訓練にはテレビ局の取材が入っていたのでよく覚えている。そのとき私は，学校安全主任として訓練をコーディネートし，自らが不審者役を担っていた。

当校の訓練では多くの場合，不審者役の教員に最初に声かけをした教員が犯

人の動きを止めようとして、刺されたり殴られたりする設定をする。このことの目的は、負傷者を発見した教員が、どのように臨機応変に対応したのかを検証することである。負傷の具合や度合、意識の確認、そして何よりも、発見したときに見捨てず対応することができるかという訓練である。対応のみならず、負傷した教員が心肺停止状態（設定）の場合、タイミングを見てマネキンと入れ替え、発見した教員はマネキンに対して声をかけ、AEDトレーナー等を使用して一次救命処置を行うようにしている。

また、当校の訓練で大切にされているのは、負傷した児童や教員の家族に連絡をすることである。これは、当校で発生した児童殺傷事件における教訓に基づいた訓練内容である。当時、事件が発生し、犯人が警察に確保され、児童を運動場に集合させて点呼等を行い、児童の安全確認を行ったが、相当手間取ったという反省がある。そしてついには、負傷児童の把握や家族への連絡に手間取り、家族は我が子の最期に逢えなかったという痛恨の教訓があったのである。

したがって訓練では、家族や保護者への連絡も、保護者役の教員を立てて実際に行い、いつ、どのタイミングで、どのような連絡が来たのかも、後のミーティングで検証するのである。

このときの訓練のミーティングで、負傷者に対応した救護班の養護教諭が発言した。

「ご家族への連絡の言葉に気をつかいました。事実を伝えてあまりにも驚かせたり動揺させたりすると、こちらや病院などに向かう途中、事故をおこされたりするというような、二次災害が危ぶまれるからです」

養護教諭のその発言を聞いた皆は、なるほどと頷いていたように思う。安全主任としてミーティングの司会進行をしていた私も、なるほどと思った。そして、では、どのような伝え方がよいのかと、皆に問いかけようとしたときだった。事件時から唯一、附池小に勤め続ける佐々木靖校長が口を開き、言下に言った。

「現実にこのようなことがあったとき、来る途中に事故を起こさないような言い方など、とっさにはできない。事実をしっかりと伝えることが大切です」

養護教諭の，機転の利いた発言を言下に否定し，校長は言葉を続けた。
「私にはそれもできなかった。じつはT先生（先に述べた，重傷を負った2人の教員のうちの一人）が重傷を負い，奥様に電話をしたのは私です。一瞬にして取り乱した奥様に，主人はどうなったのですか⁉と聞かれましたが，私は何も言えなかった。そして，とにかく急いでください！とだけ言い，ガチャリと電話を切ったのです」
沈黙と静寂がその場を包み込んだ。私は，そのミーティングの進行をしながら，どのように言葉をつなげばよいのかわからなかった。まさに，生きた，あまりにもリアルな教訓である。私たちは，この言葉，教訓から，では，どうすればよいのか，自分ならどうするか，ということを，想像を働かせながら考えることが大切である。

（4）「いのち」を教えた教師

T教諭は2005年3月に附池小を退職し，O市の教員として戻っていった。私は2005年の4月に赴任したので，入れ替わりだった。T教諭とのはじめての接点は，その年の始業式の翌日に行われた離任式だった。
離任式とは，転勤，あるいは退職した教員が1日だけ前任校に戻り，児童，および教職員に離任の挨拶をする日である。附池小では，離任した1人の教職員につき，1人の手紙を読む児童と，花束を渡す1人の児童が選出される。多くの場合，在任時に担任をしたり，かかわりが深かった児童が選ばれる。始業式でそのことが伝えられた児童は，1日で手紙を書いてきて，翌日，舞台の上でその先生に向けて手紙を読んで渡す。はにかみながら渡す児童や，涙をこらえて渡す児童など様々だが，T教諭の離任式で，私は忘れられない光景に出会った。T教諭の離任式で手紙を読む役目を担ったのは，5年生になったばかりのYくんだった。
Yくんは事件時1年生であり，1年生で唯一命を失った男子児童と同じクラスに属していた。したがって，事件当時の担任はT教諭だった。Yくんは，事件で大変な重傷を負った。その衝撃から，1年生という幼い発達段階の心に

も大きな傷を負い，苦しい日々を過ごしてきた。
　私が当校に赴任した2005年の4月，5年生になっていたYくんはとても元気で明るく，漫才コンビを組んで学級で披露するなど，事件の落とす面影は，見ているだけではわからなかった。
　そのYくんが，T教諭の離任式で手紙を読みはじめた。今から10年以上前のことであり，その手紙の内容のすべてについては覚えていないが，今でもはっきりと覚えている言葉と，それを読むYくんの姿が私の中で強い記憶として残っている。
　5年生のYくんが，誰にはばかることなく，号泣しながらT教諭に手紙を読んでいた。そのYくんの姿をT教諭は，目を細め，優しい表情で見つめていた。そしてYくんは，叫ぶようにこう言った。
　「先生はぼくたちに，いのちをかけて，いのちの大切さを教えてくれました」
　事件で，T教諭が犯人と1対1で対面したとき，果敢に犯人に飛びつき，重傷を負った行動のことを指しているのだろうということはわかった。実際に，「いのちをかけて」いる。しかし，ここで大切なのは，そのT教諭の行動を，「いのちの大切さを教えてくれた」と子どもたちが理解したことである。別の見方をすると，T教諭のこのときの行動は，自ら命を捨てにいった行動と受け取ることもできる。しかし，子どもたちの中では，このように解釈したのではないだろうか。T教諭が，このように言っているように聞こえたのではないだろうか。
　「君たちのいのちは，ぼくのいのちをかけてでも守らなければならない大切なものなんだよ」
　それを実感することができた子どもたちと教師の出会い，関係は，何物にも代えがたいものである。
　重傷を負うような危険な行動をしてまで，子どもたちの安全を守るのが教師の使命である，という形で教訓にするべきではない。本物の「いのちの大切さ」を学んだ子どもは幸せであり，それを希求するのが教師の役割であるという教訓なのである。

3 不審者を撃退した教師たち

(1) 不審者を撃退した小学校への訪問

　ある日，旧知のテレビ局の記者から連絡を受け，私は群馬県の高崎市立中央小学校での事件を知った。

　高崎市立中央小学校での事件とは，2014年12月17日の昼過ぎに，刃物を持った49歳の男が小学校に侵入したという事件である。犯人は，秘密警察から指令を受けたなどと奇妙なことを口走っていたが，さすまたを持った教員たちに取り押さえられ，学校の子どもたちや教職員に被害者は出なかった。

　当時の報道や世評を見ると，さすまたを使用して教師が不審者の動きを止め，子どもたちを救ったという賛辞が多く見られる。このときの教師たちの，勇気ある行動は称賛されてしかるべきだが，私の関心は別のところに生じた。

　実際の教師たちの動き，教師たちの心情，当時の子どもたちの様子，情報の伝達，緊急体制のとり方など，関心は尽きなかった。高崎小学校の事件では，だれも傷を負うこともなかった。一方，附池小の事件では犯人の動きを止めようとして重傷を負った教師がいる。そして，8人の子どもたちが命を奪われた。その違いはどこにあったのか。私はテレビ局の社員3人とともに現地を訪れて検証することにした。

　事件から4か月ほど経った，2015年3月16日。私たち4人は群馬県を訪れた。折しも，北陸新幹線が開通したばかりであり，午前中には当校に到着することができた。

　校門のチャイムを鳴らしながら，学校のつくりやセキュリティー，フェンスなどの観察をしながら，やはりそうかと私は感じていた。大人と同じ背丈ほどの校門があり，周囲はそれと同じ高さのフェンスで囲まれていた。校門は閉まっていて，チャイムを鳴らして開錠してもらうシステムにはなってはいるが，ガードマンがいるわけでもなく，侵入したければ容易に侵入できる。訪れた時間帯は休み時間のようで，子どもたちがテレビカメラに映されながらチャイム

を鳴らす私を物珍しそうに見ながら，フェンスの際まで来ていた。屈託ない笑顔の子どもたちに挨拶をしながら，不審者が手を伸ばせば，容易にこの子どもたちは傷つけられるだろうと感じた。

　現実的な問題として，一般的な公立諸学校はどこも同じである。附池小の児童殺傷事件や寝屋川市立中央小学校での教師殺傷事件以来，警備員の配置に大阪府は3年間の期間限定で補助金を出した。その後は市町村の判断に委ねられた。しかし，市町村の単費では，常駐警備員の雇用は困難だとする市町村も多く，警備員が複数校を巡回する方式をとったり，地域住民のボランティアに頼る市町村も多い。駆け込み的に校門の施錠システムや防犯カメラを配備した市町村も多くあったようだが，侵入する，あるいは人を（子どもを）傷つけようという異常な意志に駆り立てられた不審者に対しては，それらのシステムがどれほどの効果を持つのかは，はなはだ疑問である。

　私たちが訪れた高崎市立中央小学校もやはり，警備員はいなかった。そして，不審者の侵入を許した。もはやこの時点で，附池小と同じような惨劇が起きても仕方のない状況だったのである。しかし，幸運にもけがをする者も命を失う者もなく，学校の安全は守られた。それは，たんなる幸運だったのか。守られるべくして守られたのか。もしそうなら，その過程を全国の学校・園に伝えるべきである。私は強い関心を持って，当校の先生方の話を聞いた。

（2）幸運の連続──一つめの幸運「養護教諭」
　教頭先生と教務主任の2人は，不審者が侵入したルートなど，すべてを詳細に語ってくれた。
　まず不審者は，おそらく校門を乗り越えて校内に侵入した。そしてそのまままっすぐ運動場の横を歩き，運動場に隣接した保健室の入り口の扉の前に立った。扉を叩いたのか，ノックしたのか，気付いた養護教諭はその男が不審者であるという想定外の想像をこの時点ではすることができず，扉を開けて対応した。この瞬間に，よくこの養護教諭が被害に遭わずに済んだと思う。これも，今後多くの学校や行政が見直していかなければならない問題だと思うのだが，

第2章　教師にさすまたは必要なのか

　保健室は，運動場にもっとも近い場所に設置されている場合が多い。これは，子どもたちが運動場でけがをする場合が多いからだと思われる。しかしそのことは同時に，外部からの来校者，あるいは侵入者が最初に通りかかる場になることも多いということである。そこは，病気やけがなどで教室にいることができない，いわゆる正常な状態ではない子どもたちがいる場所なのである。
　高崎市立中央小学校における不審者侵入事件では，不審者はやはり，侵入した校門からもっとも近くにあった，保健室から侵入しようとしたのである。そしてここに，一つめの「幸運」があった。
　保健室には，女性の養護教諭がいた。そしてそのときの保健室には，子どもが一人もいなかったのである。不審者が侵入してきたその日のそのとき，当校には，体調を崩したりけがをしたり，あるいは学級にいづらく保健室登校をしている子も，一人もいなかったのである。これは，幸運であったとしか言いようがない。
　そして養護教諭は，扉を開けたときに疑念を抱いた。不審者は，胸に抱えるようにして1台のノートパソコンを持っていた。刃物ではなく，ノートパソコンである。この時点では不審者などとは誰も思わないだろう。しかし，そのノートパソコンにはバッテリーパックがなかったのだという。養護教諭に向けられた，バッテリーパックのないパソコンの裏側を見たとき，ただの来校者ではないかもしれないという疑念がわいた。その疑念が，養護教諭の次の行動を素早く決断させた。その来校者は，バッテリーパックの抜け落ちたノートパソコンの裏側を養護教諭に向けながら，「秘密警察」という言葉を口にした。その瞬間，養護教諭は走って玄関を挟んだところにある職員室に駆け込んだのだという。
　私はここまでの話を養護教諭から聞きながら，「もしそのとき，子どもが保健室にいたらどうしましたか」と問うた。養護教諭は微笑みながら，「うーん。どうしていたでしょう。子どもを連れて，一緒に職員室に行ったと思います」と答えてくれた。本当にその行動ができたかどうか，そしてその行動が適切なのかはわからない。しかしはっきりしているのは，何事もなかったからこその，

43

養護教諭の笑顔なのだということだった。

（3）幸運の連続──2つ目の幸運「犯人の動き」

　養護教諭からの知らせを受け，職員室から廊下に出た教頭先生は，保健室から包丁を持って廊下に出てきた不審者を目にする。その瞬間，教頭先生はすぐに職員室に戻り，事務員に「110番！」と声をかけ，さすまたを持って廊下に出て犯人と対峙した。同時に，職員室にいた教務主任もさすまたを持って廊下に出て，2人で犯人と向き合った。

　このとき，2人の教師は犯人に対してどのように立ち向かったのか。附池小の不審者対応訓練では，たいていの場合「対決」という構図になる。さすまたを犯人（役の教師）に突き付け，叫び，怒声が飛び交う。しかしこれは，実際の不審者に対応したものではない「訓練」だからなのだろうか。高崎市立中央小学校における事件の，実際の場面，対応した2人の教師の心情や行動を知るにつけ，そう感じるようになっていった。

　さすまたを持ち，犯人と対峙した教頭は，犯人に「おだやかに」語りかけながら，少しずつ犯人を思う方向（1年生のフロアと逆の方向）へと誘導していったのだという。

　実演しながら説明してくれた2人の教師の，さすまたの扱い方は訓練で熟練したものではけっしてなかった。そして，穏やかに語りかけながら犯人を誘導することができたのだということを聞きながら，2つ目の幸運を感じた。それは，犯人の動きである。犯人に明確な殺意はあったのだろうかと考えると，疑問を感じざるを得ない。実際にこの犯人は，その後警察に確保されるまで暴れもしなかったのだという。それは大きな幸運だっただろう。

　しかし，ここで大切なのは，教師たちの動きと心情である。はたして同じ場面に出会ったとき，高崎市立中央小学校の事件と同じような対応をすればよいのか。

　さすまたを持った2人の教師の，そのときの心情を聞くと，教頭はこのようなことを言った。

「職員室より向こう側へ行かせると，1，2年生の教室があります。そこまで行かせてはならないと，必死だった」

職員室の前で，2人の教師は盾となり，子どもたちと犯人との接触を防いだ。そして，教頭とともに盾となったもう一人の教師，教務主任はそのときの心情をこのように言い表した。

「使命感だけで動いていました。これで最後かもしれない，命を失うかもしれない，と思いました」

この2人の教師の行動を，素晴らしい，よくやったと言い表すべきではない。なぜなら，教務主任にも家族はいるだろう。教師たちにも家族がいて，愛する者がいる。教師の命も，当たり前だが，かけがえのない一つの命である。しかし，教師というものはときに，その瞬間，自らの命を顧みず，教師としての使命感に衝き動かされて行動する。

今，我が国の学校安全は，そんな教師たちの使命感に，頼り切ってしまってはいないだろうか。

*

教師が持つ「使命感」，あるいは教師としての「性質（さが）」とも言おうか。それらが，教師自らが命を失うきっかけにもなる。学校安全は，ここに頼っていてもいいのか。教師はさすまたを持ち，犯人と闘わなければならないのか。

教師の使命とは，不審者と格闘し，不審者を倒すのではなく，事件や災害に対応する力，能力を子どもたちにつけること，そして，不審者を作らない世の中の構築のために教育にあたることなのではないだろうか。

だからこそ，事件・災害の教訓を発信することが大切なのである。失われた命や悲しみを繰り返さない世の中を作るために，そして，無念の死を無駄にしないために，教訓とし，発信していくことが大切である。

次章で，「使命感」で行動し，一人の教師が命を失った事件について述べる。

第3章

事件や災害の教訓を「発信」するということ
——発信された教訓と発信されない教訓——

1　寝屋川市立中央小学校の教師殺傷事件

（1）報道記者との出会い

　本書の心臓は，この第3章にある。私がこれまで，大阪教育大学附属池田小学校（以下，附池小）で取り組んできた学校安全・安全教育のすべてを書にして刊行したいと思ったのは，2015年2月14日で事件発生から10年を迎えた，大阪府の寝屋川市立中央小学校（以下，中央小）における教師殺傷事件に関する，一連のできごとからである。

　そして，私にきっかけを与えてくれたのは，某テレビ局の報道記者である豊島学恵氏である。豊島氏（以下は親しみと敬愛の念をこめて，豊島さんと呼ぶ）は附池小の児童殺傷事件発生後，事件に関する取材，報道を続け，ご遺族と真摯に向き合い，関係を築き，また，記者仲間と定期的に集まっては事件報道に関する勉強会を開くなど，附池小の事件，あるいは学校安全に正面から真摯に取り組み続けてきた人物である。

　私と豊島さんの出会いは，その年の6月8日に附池小の児童殺傷事件から10年を迎える，2011年の3月のことだった。事件で子どもを失った遺族と，大阪教育大学で毎年行う，事件の再発防止に関する会議に学校安全主任として出席していたときである。会議が終わり，ご遺族に挨拶をしているとき，ある遺族が「〇テレの豊島さんが，松井先生を取材するって言っていましたよ」と，微笑みながら教えてくれた。その話を怪訝な気持ちで聞いてから程なくして，豊島さんを筆頭とした〇テレ取材班による取材がおよそ3か月にわたって行われ

た。その間，事件のこと，ご遺族のこと，学校安全のことなど，本当にたくさんのことを豊島さんと話してきた。その中で，附池小事件の10年目のドキュメンタリーを作り，教訓として世に発信するのだという，報道者としての熱意を感じ，できる限り協力したいと強く思ったことを覚えている。

そのドキュメンタリーは，「報道スペシャル こどもたちを守りたい 附属池田小10年の願い」として結実した。伝えたいという思いが凝縮した，素晴らしい報道番組となった。

（2）「本当の学校安全」への気づき

その後，私は小学校を退職し，大学の教員となった。そんな初夏のある日，豊島さんから連絡があり，久しぶりに会うことになった。日本料理店の個室に通され，豊島さんは冗談交じりに店の人に，「今から密談するから」と言って笑った。その時点では，豊島さんが私と会おうとした理由がまだ知らされていなかった。ただ，旧交を温めるだけの理由ではないということはわかった。

そして豊島さんは，2005年2月14日に発生した，中央小の教師殺傷事件のことを話しはじめた。話の要点は，"来年（2015年）の2月に，事件から10年を迎えるが，これまでの10年で，寝屋川市，あるいは中央小学校はどのように事件を教訓とし，何を取り組んできたのかが見えてこないので，この10年の節目に，もう一度事件を検証し，報道番組にしたい"という話だった。

そして豊島さんはこうも訴えた。中央小や寝屋川市教育委員会からは，一切の取材拒否をされている。なぜそれほどまでに拒否されるのかわからない。そして，私に，一緒にやらないかというお話だった。

その話の中で，豊島さんの口から発せられた言葉で，その後私の中から離れなくなった言葉がある。それは，

「とまどいながら，さすまたを振るう教師たち」

「教師はガードマンではない」

という言葉だった。私は豊島さんからこの言葉を聞いたとき，雷に打たれたような感覚になった。

第3章 事件や災害の教訓を「発信」するということ

　私はそれまで，附池小の学校安全主任として，様々なところで講演や，不審者対応訓練の指導助言をしてきた。その中で私は，現場の先生方にずいぶん無理を言ってきたのではないだろうか。これぐらいしなければ，子どもたちのいのちを守ることはできないのだと，教師とは，そういう使命を担っているのだと，強く言ってきた気がする。それは今思うと，私自身が特殊な環境（事件で子どもの命を失った学校）で，特殊なエネルギー（その学校の安全主任であることからくるエネルギー）に衝き動かされていたのだろう。
　しかし，その豊島さんの言葉で，何かに気付かされた。そして，これから自分自身が追い求めるべき課題が見えた気がしたのである。
　豊島さんの言葉は，事件や災害の教訓に基づいた「本当の学校安全」への道標となったのである。

（3）事件の概略
　2005年12月15日の朝刊の紙面に，「小学校で教師刺殺」という衝撃的な見出しが踊った。大阪，寝屋川市立中央小学校に刃物を持った若い男が侵入し，教職員の男女3人を刃物で刺した。女性教諭と女性栄養士の2人が重傷を負い，1人の男性教諭は死亡した。犯人は同小学校の卒業生で，亡くなったのは5年を担任していた鴨崎満明教諭，52歳だった。
　当時私は，翌年の4月に附池小への赴任が決まっている時期であり，またそれは同時に，附池小の児童殺傷事件から4年半後のできごとであった。2001年に発生した附池小の事件の衝撃から4年半という年月は，小学校という，かつては安全であって当然の場所で児童や教師が刺されて命を失うという事件が再び起こってしまうには，あまりにも短い年月だった。多くの人が「またか」という思いを持っただろう。
　そして事件の全貌が明らかになっていった。
　犯人は17歳で，当校の卒業生だった。当日の午後2時ごろ，学校を訪れた犯人は正門横のインターホンを鳴らし，実在する男性教諭の名前をあげ，その先生がいるかと聞いた。後の調べでは，犯人はかつての担任であるその教諭に恨

みを持っていたという。いないと知り，そのときはいったん諦めてその場を去った。しかし，それからおよそ1時間後，犯人は鍵がかかっていなかった通用門から校内に侵入した。

　ここで思い出してみてほしい。附池小の児童殺傷事件でも，犯人は「開いていた通用門」から校内に侵入し，8人の児童の命を奪った。その4年半後に，「開いていた通用門」から侵入した犯人に，一人の教師が命を奪われている。教訓は生かされなかった。そしてそこには，門を閉じていると開かれた学校ではないかのような，道筋の違う議論が影響している。開かれた学校に関しては，第4章で述べることにする。

　そして，犯人と出会った鴨崎教諭は，「どちらさまですか」と尋ね，それには答えずに「職員室はどこですか」と聞く犯人を先導し，案内する途中で犯人に背中を刺された。鴨崎教諭は技能職員室まで行き，最後の力を振り絞って「不法侵入」と叫び，倒れた。その後犯人は2人の教職員を刺し，けがを負わせた。そして，職員室にいる犯人を警察が確保した。児童らにけがはなかった。

　その後，調べが進む中で，鴨崎教諭は少年に不信感を抱き，校内から遠ざけようと歩き，不審者と気づかれたと察した犯人が，鴨崎教諭を刺した可能性があると指摘されている。

（4）事件から10年目の寝屋川市の催し

　2015年2月14日。私は豊島さんとテレビ局のメンバーとともに，朝から寝屋川市にいた。この日は日曜日で，寝屋川市のホールで「元気，子どもフェスタ」という催しがあり，そこに参加するためだった。中央小の事件からちょうど10年にあたるこの日の催しは，事件との関連があることは明らかに思えた。しかし，事前に何度も取材の申し込みをした豊島さんは，寝屋川市に徹底して取材拒否をされていた。この日も，カメラは外で待ち，私と豊島さんだけ，一般参加者として会場に入った。

　会場内は，保護者や，おそらく動員をかけられて集まった近隣の小中学校の管理職で埋め尽くされており，大変盛況な様子だった。プログラムとしては，

第3章 事件や災害の教訓を「発信」するということ

前半はホールで大学教授による講演があり，後半は場所を移していくつかのテーマ別分科会に分かれるという構成になっていた。10年前に鴨崎教諭が刺殺された事件についての「何か」があるとすれば，市の役職の挨拶か講演だろうと，私は強い関心を持って会場にいた。

結果から言うと，寝屋川市の教育長の挨拶，講演も含め，10年前の事件にはまったく触れることはなかった。私のそのときの印象では，あえてその話題を避けたのではないかと感じられるほどの徹底ぶりだった。

それにしても，市のために勤め続けた教師が，学校を，子どもたちの命を守る代償のように殉職しているのである。黙とうさえなかったことに，私は驚きを覚えた。

（5）寝屋川市立中央小学校での入校拒否

私たちは，これ以上いても意味がないと判断して，会場を後にし，10年前に事件があった現場，中央小へと向かった。私は，鴨崎教諭がどのような場所で犯人と出遭い，どのようなルートを歩み，どのようにして息絶えたのか，その足跡を知りたかった。そこから見えてくるものを教訓として，学校安全に生かし，今いる子どもたちの，そして教師を含めた学校の安全に生かしていくべきだと考えていた。

私たちは，校門の前で管理職が帰ってくるのを待った。

校門の脇には，白布がかけられた児童机が一つ置かれ，献花台として設置されていた。ポツリポツリと，手を合わせていく卒業生などがいた。何人かの教員が自動車の通用門から入り，しばらくして出てくるといった様子が繰り返された。おそらく，鴨崎教諭の元同僚だろう。鴨崎教諭は，同僚からも児童からも，厚い信頼を得ていたと聞く。やはり，鴨崎教諭の命は忘れられていたのではない。私たちも手を合わせ，10年経った月日でも，その死を悼む人々の姿を見ながら，市は表面化させないようにしているだけではないかという気がした。

そして午後になり，管理職が戻ってきていることを確認した私は，正門のチャイムを鳴らした。すぐに女性の教員，おそらく教頭先生から応答があった。

第Ⅰ部　事件・災害の教訓から学ぶ

　私は名前を名乗り，職業を言い，学校安全の研究をしている者であることを伝えた。そして，10年前の事件のことで，調べたりお話をお聞きしたいので，入校の許可を得たい旨を言った。

　本来，学校というものは身分がはっきりし，来校の目的が明確なものの入校を拒否することはまずない。たとえば附池小であれば，年間に何人，何組もの学校訪問がある。附池小はそのすべてを受け入れ，事件のこと，学校安全の取り組み，安全教育の方法や内容について，すべてを明らかにして情報提供し，研究成果や取り組みの成果を発信してきた。

　第2章でとりあげた高崎市立中央小学校にしても，不審者を「撃退した」というプラスの側面が大きいとはいえ，テレビ局の取材であることを踏まえた上で，私の訪問，入校を快く受け入れてくれた。報道の方法や思惑によっては，不審者に侵入されたことを批判されても仕方のない，当校にとってはけっして名誉な取材ではなかったにもかかわらずである。いや，受け入れて「くれた」というよりも，公教育に携わる組織の姿勢としては当然である。

　しかし，そうではない現実が私の目の前に訪れた。

　中央小でチャイムを鳴らし，名前も身分も名乗り，来校の目的も明確に伝えた私に，教頭先生はにべもなく言った。

　「そのようなことは，すべてお断りしています」

　私にとって，その教頭先生の言葉はあまりにも大きく予想を覆す言葉であり，想像さえしなかった言葉であっただけに，一瞬絶句し，戸惑った。百歩譲って，「取材はお断りしています」であれば理解できる。私たちも，取材カメラはおそらく入れてもらえないだろうから，私だけが校舎内に入らせてもらおうと話していた。

　私は，教頭先生の入校拒否の言葉に信じがたい思いで一度だけ食い下がった。

　「学校安全の研究のためです。私一人が校内を歩かせてもらうだけでいいのです」

　教頭先生の返事は同じだった。

　「そのようなことも，すべてお断りしているのです」

私はまるで,悪者のようだった。学校の中に一歩も入れてもらえない,悪者だった。言いようのない疑問と不信感が,私の中で抑えきれなくなり,次の行動へと私を向かわせた。

(6) 遺族の思い

　私はこの年の前年,2014年の夏に,寝屋川市の教員夏季研修会の「いのちの教育講演会」の講師として呼んでいただき,安全教育を主としたいのちの教育の内容と方法,効果等について講演していた。

　しかし,中央小の一連の取材・入校拒否の中で,何がいのちの教育かと思わざるをえなかった。いかなる理由があろうと,学校を舞台にして失われた一人の教師の命を葬り去ろうとしているかのように,私には感じられたのだ。

　しかし,事件が残す影響は,当事者やその近辺の人にしかわかり得ないほど大きなものがある。最初はやはり,鴨崎教諭のご遺族の強い思いが働いているのかと思っていた。愛する者の悲しい死を思い出したくないという思いが強いならば,その遺族の思いをもっとも優先すべきである。

　悲しみを乗り越えようとしながら,近しい者の無念の死を無駄にすまいと,その教訓を発信しようとする遺族もいれば,すべてを閉ざして世間と隔絶し,その,あまりにも強く酷い悲しみが再発されることを恐れ続ける遺族もいる。

　もし鴨崎教諭の遺族が後者ならば,私たちは無理に事件を振り返るべきではなく,教育委員会の対応も理解できる。

　しかし,鴨崎教諭の遺族は,豊島さんの取材に応じ,「寝屋川市のこの10年の,事件に対する姿勢に心を痛めている」と言われたのだ。

　遺族が事件の教訓の発信を拒否していないのであれば,それ以外に何の理由があると言うのだろう。

　私は,寝屋川市教育委員会を訪れた。

(7) 教育委員会への取材

　2015年の3月末。私は寝屋川市教育委員会を訪れ,学校安全の担当者と1時

第Ⅰ部　事件・災害の教訓から学ぶ

間ほど話をする機会を得ることができた。そこからは，事件当時の苦悩と混乱，そして，「発信しない」ことに対する思惑の断片を聞き取ることができた。

　私が聞きたかったことは主に3点あった。

　1点目は，事件後の寝屋川市の学校安全に対する取り組みである。寝屋川市は，学校に不審者の侵入を許し，刺殺事件にまで至らしめてしまった教訓を，学校安全にどのように具現化しているのかを知りたかった。

　2点目は，事件によって，どのようなマイナス面が生じたのかである。事件への対応やそれによって生じる弊害は，目に見えないところで多く生じる。そしてそれは，当事者にしか見えないものが多い。それを詳らかにすることによって教訓となり，次の事件や災害を防ぐ一つの根拠になりうるのである。

　そして3点目，このことがもっとも聞きたかったことなのかもしれない。なぜ寝屋川市は，事件の教訓を発信することを嫌うのか。あるいは，なぜそこまで取材を拒否するのかということである。この疑念の解決なくしては，次へ進むことができない。はたして明確に答えることができる事由はあるのか。私は強い関心を持っていた。

　1点目の事件後の寝屋川市の学校安全に対する取り組みについてだが，事件後すぐに大阪府が取り組み，全国的に発信されたものとして，校門への警備員の配置がある。文部科学省の調べによると，事件が発生する以前，2004年3月の時点では，全国の公立小学校2万2727校のうち，警備員が配置されていたのは1193校であり，全体の5.2％にあたる。(1) それにしても，この調べのおよそ3年前に附池小の児童殺傷事件が発生しているのであり，その時点で校門のあり方，警備員の配置などについて改善されていたら，もしかすると寝屋川の事件は防ぐことができたかもしれない。「教訓」に対する教育行政や学校教育現場の向き合い方の大切さがここでも実感されるのである。

　寝屋川市の取り組みとしては，教員の安全研修を増やしたこと，2月14日を

（1）　文部科学省「学校の安全管理の取組状況に関する調査結果」
　　http://www.mext.go.jp/component/a_menu/education/detail/__icsFiles/afieldfile/2011/04/04/1289307_01.pdf（2017年1月24日閲覧）

第3章 事件や災害の教訓を「発信」するということ

「学校安全の日」と定め，各校で校長先生などから話をし，事件のことを伝えるようにしていることなどが挙げられた。しかし，一方では年月とともに管理職も入れ替わり，どのような方法で，どのような内容で伝えられているのか，あるいは形骸化していないか，チェック機能が必要だろう。年月に抗い，事件の風化を防ぐことは，並大抵のことではない。

　2点目の，事件によってどのようなマイナス面が生じたのか，についてだが，この事件でもっとも大きな教訓として受け取らざるを得なかったのは，「入れないこと」だったという。これは「不審者を」入れないこと，なのではなく，極力誰も入れないこと，という歪曲した形の教訓と化してしまったのである。

　たとえば事件発生後，「卒業生」の来校はすべて拒否していた時期があったという。また，犯人が17歳の卒業生であったことから無理もないことだが，卒業してから年数が経っている卒業生にはより過敏になり，なぜ入れないのかという抗議の電話等も多かったという。「教訓」を受け入れ，安全対策として「よりよく」生かすことができず，何かを「避ける」ことだけに目がいってしまった例である。

　そして3点目の，なぜ寝屋川市は，事件の教訓を発信しようとしないのか，事件の話題を徹底して嫌うのかという点である。これについては，教育委員会の担当者の言葉をそのまま記述する。

　「少年（犯人）の方がメディアに興味本位で取り上げられる。事件のことを隠すつもりはないが，（メディアに取り上げられることに対して）警戒心は持っている」

　「取材を受け放映されたとき，少年（犯人）の将来，その周りの将来，いろいろなかかわりを考えたとき，（放送を）観た人に誤解される。だから慎重になる」

　「その子（犯人）の成長過程でかかわってきた人々は，何をしていたんだ，と言われてしまう」

　このような内容，言葉であった。ここに，鴨崎教諭に関する言葉はない。たしかに一方では，これからの子どもたちを，市の教育を守らなければならない

立場がある。だが，その守りは，安全を守るというよりは，体裁を守ることになってしまってはいないだろうか。体裁を守ることで，教育は，子どもたちは守られるのだろうか。

その後私は，事件当時，教育委員会にいた人物に会って話を聞くことができた。

（8）寝屋川市の元教員への取材

2015年の，まだ春の訪れが待たれる寒い日だったと記憶している。私は寝屋川市の元教員と夜のファミリーレストランで会った。この元教員は，犯人の少年が中学校1年生のとき，担任ではなかったが同じ学年の担当教員だった。そして少年が中学校を卒業し，17歳になって事件を起こしたときには寝屋川市の教育委員会に所属しており，事件の関連で奔走したという。

私たちはやはり，事件の当事者ではない。中学生のときの少年をそばで見ていて，その数年後に教師を刺殺する犯人になったと知ったとき，やはり近くにいた者，ましてやその少年の教育に携わった者が受けたであろう衝撃は計り知れない。

私のインタビューに協力してくれたこの元教員は，今後の取材には一切応じない，自分のことは伏せてほしいと言ったので，現在の職業など，本人と特定できる情報は省き，ここではK氏と呼ぶことにする。

夜のファミリーレストランで，K氏はときおり苦渋の表情を浮かべながら，そしてときには少し興奮したように，声を大きくしたりしながら，2時間ほどのインタビューに答えてくれた。

これまでに何度か会ったことがあるK氏は，私の印象では，実直で礼儀正しく，温厚な人である。そのような人だからこそなのだろう。この事件の裁判を，すべて傍聴したのだという。それは，当時属していた教育委員会の職務としてではなく，一個人として行ったのだという。

そのようなK氏の話は，個人の推論も交えながらとはいえ，とてもリアルなものだった。そして，やはり当時，行政側にいた者として，10年経った現在でもやはりその立場で事件を捉えているという一貫性があった。

第3章 事件や災害の教訓を「発信」するということ

　私の,「なぜ寝屋川市は,事件のことを教訓として発信しないのでしょう」という問いに対して,K氏は明快に答えた。
　「事件を前面に出すことはあり得ない。なぜなら,犯人は卒業生なのだから。寝屋川市の教育の結果なのだから。寝屋川市の教育の,汚点だからです」
　そして,すこし興奮したようにこう言った。
　「今の子どもたちに,どう伝えればいいのですか。この学校の先生が,刺されて死んだんだよ。刺したのは,君たちの先輩なんだよ,とでも言うのでしょうか」
　そしてK氏は,鴨崎教諭の遺族と,寝屋川市教育委員会との関係についても語った。
　ここで,大切な情報として,これまで書かなかったことがある。何度か前出した,事件で亡くなった鴨崎教諭の遺族とは,鴨崎教諭の配偶者であり,この人もまた,寝屋川市の小学校教員なのである。鴨崎夫人は,事件後も教員として寝屋川市で勤め続け,2014年度で退職された。
　遺族であり,寝屋川市の教員であり続けた鴨崎夫人について,このような話をした。
　"鴨崎先生の奥様は,教育委員会との関係から,そして寝屋川市の教員として,がまんされたのではないか。この先(事件後)も寝屋川市の教員として生きていく上で,がまんしたのではないか"
　というのがK氏の考えだった。そして,これは推論であると断った上で,こう言った。
　「どうにか,奥様が何も言わない日々を過ごし,何も触れずにここまで来たのに,事件から10年目と騒いで,奥様の遺族としての感情に,だれがわざわざ火をつけようとするでしょう」
　事件を発信しようとしない,一切の取材を拒否する教育委員会や寝屋川市の姿勢は当然であるという見解だった。
　私はK氏の話を聞きながら,やはり事件時に,教育行政にいた人の話だと感じた。事件を振り返ることを恐れ,収めることに力を傾ける感覚が強いのだ

57

と感じた。

K氏は最後に，次のような話をした。

"あの事件以降，全国の小学校にインターホンがついた。他市で学校のインターホンを押すたびに思う。ここにも，事件の教訓が生かされていると。"

事件のことを前面に出し，発信しなくとも，形となって教訓として生きているだろうと言いたかったのかもしれない。

（9）再発防止のための教訓

附池小の事件について言えば，とりわけ重要視されるのは「再発防止」ということである。二度と同じような事件が起こり，子どもたちのいのちが傷つき，脅かされることがあってはならない。それは，毎年1回，学長を筆頭とした大阪教育大学の教職員と附池小の校長，安全主任，そして遺族の三者間で，「再発防止会議」として具体的に取り組まれている。「再発防止」は，遺族の，そして失われたいのちの願いなのである。

鴨崎教諭が卒業生に刺殺された事件から10年後の，2015年夏。寝屋川市の中学生が犠牲となった悲しい事件が起きた。8月13日未明に，寝屋川市立中1年生の男女2人が連れ去られ，数日後に2人とも，別々の場所で遺体で発見された。犯人は寝屋川市在住の45歳の男だった。

この年の夏休みが終わろうとするころ，毎日新聞の記者からこの事件に関して，電話で取材を受けた。"2人の死を目の当たりにして，中学生は動揺していると思う。2学期の始業式を迎える中学生たちに，これからの安全を考えていく上での助言をしてほしい"という内容だった。以下が，そのときの記事である。

> **中学生　君たちは想像できるはず**
> 「やめよう」と言える勇気を
> 「知らない人にはついていかない」。学校ではそう教わります。でも，頭では分かっていても，実際は一つ一つ状況が異なり，マニュアル通りにはいかないものです。こんな声の掛けられ方をしたらどう対応すればいいか。学校で場面を想定しながら，みんなで意見を出し合うことが大切です。例えば「約束の時

間に遅れそうになった時、親切そうなおじさんが車で送ると声をかけてくれたら」とか。自分のいのちは自分で守るという強い気持ちを持って、想像を膨らませてみてください。

　中学生になると、親のそばを離れ、自分の足だけで歩くことが増えます。大人への一歩ですが、楽しさだけではなく怖さも広がっています。深夜の外出を友人に誘われると、気軽に応じたり、嫌だなと思っても断りにくいかもしれません。でも、どんな危険があるかを、2人の悲しい死から君たちは想像することができるはずです。「もうやめよう」と勇気を持って言い合えてこそ、本当の友達です。

（毎日新聞（大阪本社）夕刊，2015年9月2日）

"あのとき、2人はどれだけ怖かっただろう。"
"あのとき、どうすれば2人は命を失わずに済んだのか。"
そして、"今、自分はどうするべきか。"

　教訓を生かすとは、そういうことなのである。犠牲となった命を忘れたら、同じことが繰り返される。

　次節では、「再発防止」に取り組む附池小からの、事件の教訓の発信について紹介したい。

2　国内唯一の「安全科」

（1）「安全科」の創設

　2001年6月8日に発生した児童殺傷事件以来、附池小は、学校安全のモデルとなるべく、そして、遺族と交わした「合意書」の約束を守るべく、学校安全に関して取り組み続け、世に発信してきた。

　中でも「安全科」は、安全教育を教科として設置した、全国でも類を見ない取り組みである。これは、2009年度より文部科学省の教育課程特例校として設置したもので、全学年が年間35時間の「安全科」の授業を行ってきた（現在は年間15時間に縮小されている）。そして私は、最初の安全科主任として、授業作

成やカリキュラム作成，安全科論の構築などを行ってきた。

　ここでは，まず「安全科」設置にかかわる背景について整理しておきたい。

　2012年3月，中央教育審議会（以下，中教審）答申において，学校安全部会が，保健体育などの教科に分散していた防災教育について，学校活動として独立させ，将来的な教科化も見据えて位置づけを明確にする答申を出した。そして同年4月には，文部科学省が「学校安全の推進に関する計画」を策定した。そこでは，今後5年間で取り組む具体的施策として，安全教育の充実を挙げている。

　これまで，安全教育は学校教育活動の中においては「視点」の一つに過ぎなかった感がある。その，曖昧だった視点を，体系化した教育活動とする必要性を多くの人が感じ始めたことは，大きな前進と言えるだろう。

　しかしこれまでの安全教育は，「標語的用語」や「実感なき体験」に対して，疑いもなく進められてきた感がある。「いかのおすし」（第5章参照）や「おはしも」（第6章参照）に代表される標語的用語を児童に教えることが，安全だと考えられ，安全教育だと考えられてきた。しかし，避難時に「走らない」「しゃべらない」と教えてしまうことが，はたして「正しい」のだろうか。安全に「絶対」と「正解」はないという大きな教訓を，私たちは東日本大震災から得たはずである。また，これまでの災害教育においてもっとも中心となっていたのは，避難訓練である。火災や地震を想定し，児童は教師の合図とともに机の下に身を隠すなどし，災害が治まれば隊列を組み，口元をハンカチなどで覆いながら避難経路を通り，避難場所に集合する。児童はそれらの訓練によって災害時の行動様式を知り，欠かすことのできない学習とはなっているが，そこにいのちの重さ，尊さに対する実感が伴っているとは言い難い。しかもそれが，実際の災害時に役に立ち，児童のいのちを守ることができる体験になっているのかどうかは，甚だ疑問である。また，入学後間もなく行われる交通安全教室だが，自らの足で歩き始める小学校入学後に行われることの価値はたしかに大きい。実際に，小学校に就学後の交通事故による死傷者数は，就園児に比べて急激に増加する傾向がある。しかし，交通安全教育は，歩行訓練だけではないはずであり，また，中学年，高学年においても交通安全教育は取り組まれ

るべきであろう。

　このような現状の問題点もふまえて，附池小においては，先駆的に「安全科」を設置し，安全教育の研究と推進に努めてきたのである。

(2)「安全科」の内容

　附池小では，2009年の「安全科」設置後，一つの教科としての性格を持たせるため，そして国内唯一の教科としての安全教育を発信すべく，「安全科論」を構築してきた。これは，最初の安全科主任として私が記述したものであり，その後職員会議を経て，附池小の安全科論として，研究発表会で提案しているものである。ここで，その附池小の「安全科論」とはどのようなものなのかを紹介したい。[2]

基本理念

　まず冒頭に，基本理念が記載されている。ここには，"安全教育とは，「いのちの学習」である。安全教育において，危険を予知し，回避する能力が育まれる中で，自分の大切ないのちを自ら守ろうとする強い心が育まれ，自他のいのちを大切にしようとするやさしい心が育つ。"とある。ここで強調されているのは安全教育を「いのちの教育」と主張することであり，これまでの安全指導に終始してきた安全教育とは一線を画そうという理念が強調されている。

安全教育と安全管理

　次に，安全教育と安全管理に関する附池小の理解である。当校は，2001年の児童殺傷事件以来，校舎の改築が行われ，多くの教育関係者や行政機関が視察に訪れる，充実した安全設備を誇る学校となった。しかしこれに関しては，"設備だけが児童を守っているのではない。児童が自らの安全・安心を手に入

---

(2)「安全科論」の初出は，2009年度・大阪教育大学附属池田小学校教育研究協議会／学校安全研修会／道徳教育研修会」(2010年2月12，13日）の発表資料（pp. 21-30）である。翌年，改訂を加え，2010年度・大阪教育大学附属池田小学校教育研究協議会／学校安全研修会／道徳教育研修会」(2011年2月10，11日）の発表資料（pp. 17-28）に改訂版が掲載されている。

れ,生涯にわたって通ずる危険予知・回避力,安全に対するスキル,そしていのちの大切さを実感することができる人間形成を目標とした,安全教育の充実が肝要である。"と述べられている。これは,設備が児童のいのちを守るのではなく,安全管理と安全教育の両翼がなければ,児童のいのちを十分に守ることはできないのだという主張である。

自己肯定感

安全教育には,安全に関する技能,知識理解を習熟させる一面と同時に,付加価値とも言える側面として,自己肯定感の高まりを期待する一面がある。附池小では,安全科発足以前の安全教育の主眼として,「安全マップ」の学習に力を入れてきた経緯がある。安全マップの学習とは,地域,通学路などの「危険な場所」を見つけ出し,危険を予知する視点を育む学習である。しかし,自らが通う通学路や地域に多くの危険を見出し,「ここは危険な地域だ」という概念を植え付けてしまっては意味がない。そこでソーシャルサポートの視点を取り入れ,自尊感情を育むこともねらいとするようになった。危険な場所を探しながらも地域の方にインタビューを行うなどし,人とかかわらせることによって,"私たちは施設だけではなく,あらゆる場所で多くの人たちから守られている。"という自尊感情を育むことを狙った。"ソーシャルサポートとは,「家族や友人や隣人などのように,個人の周囲に存在する人々から得られる有形・無形の支援」である。安全教育により,施設だけではなく,周りの人々から守られているかけがえのない自分を実感し,主体的に安全学習に取り組む自分を実感することによって,自尊感情が育まれていくのである。"と捉えられている。

いのちの大切さ

「生命尊重」を基盤とした安全教育は,附池小の「安全科」がとくに重要視してきたものである。これについては,"本校のいかなる安全科の授業においても,Hidden curriculum(隠れた教育目標)に存するのは,「いのちの大切さの実感」である。"と述べ,一次救命処置を教材とした授業を例に挙げて,"本校のいかなる「安全科」の授業においても,最後には,「いのちの大切さの実

感」を児童が持つことを目標としている。それを，あえて「いのちとは大切なものです」と言わずとも，児童がそのことを実感していく授業作り，教材開発が肝要である。"としているのである。

　具体的な授業の内容や児童の様子については，第6章「いのちの教育と子どもたち」で詳細に述べることとして，ここでは，発足から7年ほど経った「安全科」の実情と現在を検証してみたい。そのことにより，安全教育の本質や現実に迫りたいと思う。

（3）「安全科」の実情と今後

　私は先に，第2章の冒頭で，自身は当時，"小学校内に暴漢の侵入を許し，児童8人の命を失った学校という特殊な環境の中で，その事実を教訓として，学校安全の取り組みを世に発信し続けなければならないという，特殊なエネルギーに衝き動かされていたのである。"と書いた。しかし，「安全科」発足から数年で，わたしは附池小の中でもとりわけ「特殊な」エネルギーで動いていたことを知る。

　以前このようなことがあった。「安全科」発足から4～5年経っていたころだっただろうか。私自身は安全科の授業開発や，当時もっとも関心のあった「安全教育の授業効果の測定」に関する研究に夢中になっていた。研究成果を学会で発表したり，新しい授業を開発しては研究授業や公開授業で発表するなどしていた。そのような中で，当時の校長がうすうす雰囲気を感じていたのだろう。「安全科」の実施状況の校内調査を行った。校内調査とは言っても，各担任に状況を聞いたり記述させるという調査ではなく，校長自ら児童に聞いて回ったのだ。子どもたちは正直で，そして残酷である。35時間の実施が校内では義務付けられているにもかかわらず，ある学級は年間6時間程度の実施という実態が浮かび上がった。しかしこのことは，附池小でさえこうなのである，という現実的な実態と捉えるべきである。

　先に触れたが，2012年の中教審答申において，学校安全部会が保健体育などの教科に分散していた防災教育について，学校活動として独立させ，将来な

教科化も見据えて位置づけを明確にするように文部科学省に求める方針を打ち出した。一部報道機関は、「5年以内に防災科を創設」という見出しを出した。

学校教育活動には、学力保障をはじめとして、様々な要素が存在する。そして、現状で日々を必死になって送り続ける学校も多くある。その中で、特殊な契機を持ち、言うなれば特殊な「思い」で進み続けた附池小でさえこのような状況であるという現実において、新しい教科を設けて進もうとする「特殊な馬力」を、全国の学校園に課したとき、はたしてそれが機能するのか。いずれは「準教科」的な扱いとなり、その結果、逆に安全教育が面倒なものとして扱われることにならないか、という危惧がある。

また、一つの教科には、多くの要素、機能等が存在する。教科書、評価システム、時数などカリキュラム上の問題。そして、歴史が作り上げてきた科学としての教科内容。たとえば安全の教育の教科書を作ったとき、その指導内容をどのように統一するのか。その教科書は、「正しい」のか。安全に「絶対」と「正解」はないという大きな教訓を、私たちは東日本大震災から得たはずである。

「防災科」創設を否定するのではない。いずれ10年後、20年後、「防災科」がすべての学校園で定着し、児童の安全、安心な日々に結びついていれば、それほど喜ばしいことはない。附池小の「安全科」は、安全教育の先駆たるべく、その学習内容、指導方法、カリキュラム等を発信し続けてきた。そして、「安全科」が特殊なものであってほしくはない、という思いを持ってきたはずである。しかし、附池小と同様の「安全科」を設置することを勧めてきたのではなかった。そのためには、やはり「特殊な馬力」を必要とすることを、私自身は数年間自覚してきた。しかし、年間に数時間でいい。時間を捻出し、「効果的な安全教育」を進めてほしいと願ってきたのである。

今後、「防災科」創設においては、多くの議論が必要となってくるだろう。そして、「喉元過ぎれば」にはならず、東日本大震災の教訓が忘れられることなく、この議論が立ち消えになってしまわないことを願ってやまない。また、一部が縮小された附池小の「安全科」が、今後どのような学校安全のモデルとなっていくのかが注目されるのである。

第3章 事件や災害の教訓を「発信」するということ

3 教師たちの安全意識

(1) 教育実習生とともに行う不審者対応訓練

　附池小で年間5回行われる「教職員対象不審者対応訓練」については，第1章の中で述べた。当時の附池小の教職員の安全意識の高さがゆえの，訓練の厳しさや激しさが伝わったかと思う。その訓練の厳しさは，当校のみにとどまらず，他の教育関係者へも発信されている。

　そのための取り組みの一つが，教育実習生とともに訓練を行うことである。

　附池小には，毎年9月と11月に，それぞれ50人ほどの教育実習生がやってくる。附池小の年間5回の訓練のうち，2回は教育実習生とともに行うのである。その理由は2つある。

　一つめの理由は，附池小の教職員のためである。附池小の不審者対応訓練は，児童が下校した後や長期休暇中など，いずれにしても教職員だけで行う。訓練ではさすまたを使用し，非常ブザーがものものしく鳴り響き，大声が飛び交う。私が赴任した2005年は，まだ事件の被害児童たちがいた。6年生になっても事件現場近くには足を踏み入れることができない児童もいた。その中で，事件を想起させるようなことを児童の前でできるはずがなかった。

　したがって，訓練時の避難誘導や子どもたちへの声かけは，想像上の子どもたちに対して行っていた。そこで，教育実習生が来たときには，実習生に児童役になってもらい，私たちの訓練に役立てていたのである。

　もう一つの理由が，発信である。附池小に来る教育実習生は，そのほとんどが大阪教育大学の学生であり，将来小学校や中学校の教壇に立つ学生たちである。将来教師になったとき，附池小の訓練の様子を伝え，勤務する学校でも訓練をしていってほしいという願いを持って，実習生とともに行ってきたのである。その実習生との訓練では，何度もこちらが考えさせられたり学ばされる場面があったのだが，やはりもっとも印象に残っているのは，事件時に附池小の小学生だった学生が教育実習生として附池小に来たときの訓練である。

第Ⅰ部　事件・災害の教訓から学ぶ

　その年，2010年の教育実習には，事件時に6年生だった児童が大学生となり，教育実習生として母校である附池小にやってきた。その年は2人の女子学生が実習生として来て，そのうち1人(Hさんと呼ぶ)は私が担当していた第4学年に配属された。2人の卒業生を実習生として受け入れるにあたり，事件に関連して様々な配慮事項が教員間で確認されたが，中でも例年，実習生とともに行う不審者対応訓練をどうするか，という点ではずいぶん話し合いをした。事件の惨劇を幼くして目の当たりにした学生は，今どのような感覚でいるのか，見当がつかなかった。そこで，学校安全主任の私が，本人たちから希望を聞くことにした。
　放課後，私は2人の卒業生に不審者対応訓練の概要を話し，参加するかどうかの希望を聞いた。2人はしばしの時間，押し黙っていた。その沈黙には，自分たちだけそこを避けてもいいのだろうかという思いと，訓練で沸き起こるかもしれない恐怖心への想像が葛藤している様子があった。
　そして，沈黙を破ったのはHさんだった。Hさんはこう言った。
　「私は教師になりたいのです。教師になるために，訓練を避けることはしたくありません。ですから，私は訓練に参加します」
　そのときのHさんの，力強さと不安が混ざり合ったような目をはっきりと覚えている。
　そしてもう一人の卒業生は，参加しない決心をした。当時6年生だった教室に，階下から唸りのようなものが聞こえてきたのだという。そのときの恐怖が今でも忘れられないのだという。事件が残したものの残酷さを目の当たりにした思いがした。
　訓練のとき，参加しない決心をした学生は，音も聞こえないようにと，敷地内でもっとも遠くにある学校危機メンタルサポートセンター(事件後に，児童のメンタルケアを目的として大阪教育大学が設立)で待機した。
　訓練後，参加したHさんは，恐怖と闘い，闘い終え，号泣していた。
　Hさんは今，小学校の教師となっている。きっと，このときの訓練のことをはじめ，附池小で実習中に経験した様々な学校安全の取り組みや安全教育のことを，勤務する学校で発信してくれているだろう。

（2）公開された不審者対応訓練

　学校安全の取り組みを広く発信していく責務を自らに課した附池小では，当校の特徴的な学校安全の取り組みとも言える「教職員対象不審者対応訓練」を公開しようということで，何度か議論になった。しかし，訓練は激しく，危険が伴う。あまり大きな声では言えないことだが，訓練のたびに，誰かが傷を負っていた。そのような訓練を公開しようと考えたとき，参会者の安全を保障できない。だから，公開訓練は実際には無理だろうと，いつも結論付けてきた。

　そのようなとき，私は島根県の小さな学校で，公開避難訓練を見る機会があった。

　その学校の公開避難訓練は地震の避難訓練だった。参会者が見やすいように，あらかじめ「見どころ」などを告知し，体育館にモニターを設置し，全体の様子を把握できるように工夫されていた。そして子どもたちや教職員は，日頃から実践してきた訓練を堂々と披露した。私は，「訓練は公開できるのだ」という，今まで諦めていたことに対する新たな示唆を得て，附池小に持ち帰った。

　その年度，2010年度の2月に行われる教育研究会の中で，私は学校安全主任として不審者対応訓練を公開することを提案した。何度も教員間で議論が重ねられ，私たちは訓練を公開することに踏み切った。

参会者の安全への懸念

　研究会が近づくにつれて大きな問題となったのが，やはり参会者の安全をいかに確保するのかということだった。その年の研究会は，安全と道徳の公開研究に絞っていたため，関心が高く，およそ700人の参会者が見込まれていた。

　様々な議論の結果，参会者の見学位置をテープで仕切ること，不審者とアトム班が格闘する場所は屋外の広い場所で行い，参会者はその様子をベランダから見ることができるようにすることなどを決めた。そして，訓練の大きな特徴であり，大切にしていることである事前・事後のミーティングの様子は，体育館でブースを作って話し合っている様子を見学できるようにした。しかし，1点だけ，どうしても今までの訓練とは変えなければならない点があった。それは，普段の訓練では担当者以外は訓練の詳細を知ることなく，臨機応変に対応

するようにしてきたことだ。シナリオがないのである。したがって，教職員はその訓練で，いつ，どこから不審者が入ってくるのかわからない。それが当校の訓練を，つねに臨場感溢れた，緊迫感のあるものにしてきたと言えるだろう。

しかし，考えれば考えるほど，公開不審者対応訓練でシナリオのない訓練をすることなどできないのではないかと思った。いつものような訓練をすると，参会者に危険が及ぶかもしれない。私は管理職と相談し，公開訓練ではシナリオを作成し，教職員がすべてを知った上での訓練をすることに決定した。そして研究会の3日前，全員でリハーサルを行った。

リハーサルでは，私の作ったシナリオ通りに何度か訓練を行った。しかし，やればやるほど，皆の表情が曇り，活発な訓練ではなくなっていった。理由は明らかだった。そして会議室に戻り，開口一番に皆の思いを代弁したのは校長だった。

「これが，私たちの訓練なのか？」

誰もがそう思っていた。シナリオを作った私もそう感じていた。シナリオはもっと最低限のものにしよう，いつもの訓練を見てほしい。そう決定した。

公開訓練当日

2011年2月に開催された研究会当日，研究会の最後にプログラムされた公開不審者対応訓練には，体育館を埋め尽くすほど多くの参会者が集まった。私と校長が体育館で訓練の趣旨などを話し，その後，各場所へ参会者は移動した。そして訓練は始まった。私は全体指揮を行うため訓練には参加せず，参会者の安全に注目しながら不測の事態などに備えたため，訓練そのものは参会者と同じ視点で，客観性を持って見ることができた。

同僚たちが，緊迫した顔つきで，何かを叫びながら走る様子，それを食い入るように，緊張した表情で見入る参会者の様子を見ながら，あらためて気づかされたことがあった。

訓練で発信したかったことは，訓練のノウハウなのではなく，事件で児童を失った学校の，二度と事件を起こさないという強い安全意識なのだということである。

第Ⅱ部
これまでの学校安全と安全教育の実態

第Ⅰ部では，「教訓」をキーワードにして，これまでの事件などで被害に遭い，失われた命が遺してくれたものの大切さと，そこから教訓を得て，生かすことの必要性を記してきた。

　第Ⅱ部では，その教訓を生かす上で，今，学校現場は安全に対して，どのようなスタンスで取り組み，どのような価値観を持っているのかを振り返る。そして，なぜつねに，事件や事故，災害等で子どもたちや教師の命，学校の安全が脅かされる可能性があるのかを，学校現場の実態から検証したい。

　「災害は他人事」という言葉がある。本書において，これまで大阪教育大学附属池田小学校（以下，附池小）で発生した事件について多く触れてきた。それは，当事件が未曽有の大事件であり，二度と起こってはならない事件であり，そこから私たちは多くのことを教訓として受け取り，生かすべきだと考えるからである。しかし，「当事者」とそうではない者の温度差は，埋めようがないほど大きい。私は当事者かというとそうではない。事件のとき，その場にはいなかった（その場にいたら，このように語れなかったのかもしれない）。しかし事件後，当校の学校安全を担い，その後を見続けてきた。だからこそ，ここに記している。

　附池小の発信は，大きな事件を体験し，子どもたちの命を失ってしまったことへの自責からくるエネルギーなのである。

　附池小のような事件を経験していない学校，これまで何も起きていない学校は，称賛されるべき学校なのである。しかし，これからも何も起こらないように，過去の事件や災害を教訓としてほしい。それが本書の本意なのである。そのことを理解したうえで，第Ⅱ部に進んでほしい。

　耳の痛い話が多くなるかと思うが，改善は痛みを伴う。第Ⅱ部の中で，それが痛みであるということに気づき，ともに痛みを分かち合いながら，「本当の学校安全」の必要性を共有したいと思う。

第4章
学校安全の実態

1　IDカードのもつ意味

（1）IDカードが着用されない理由

　2002年，私がT市の公立小学校に勤務していたときのことである。その日は，保護者の多くが学校にやってくる授業参観日だった。
　朝の職員朝礼のとき，校長先生が私たちに言った。
　「申し訳ないけど，今日だけはみなさん，IDカード着けてくださいね」
　そのときの言い方は，必要ないけど上から言われていることだから，仕方ないですよね，というニュアンスだと感じた。私自身，校長先生のこの言葉を聞きながら，面倒だけど仕方がない，と思ったことを覚えている。
　当時，私が勤務していたT市立小学校では，教育委員会からの通達で教職員はIDカードを着けることが推奨されていた。誰もが，それは大阪教育大学附属池田小学校（以下，附池小）で発生した児童殺傷事件が契機であることはわかってはいた。しかし，多くの教職員が，IDカードを身に着けることの必要性を感じていなかった。その表れが，先の校長先生の言葉であったし，当時の先輩教師の中には，「教師とはつねに子どもとかかわり，動き回っている。だから，IDカードは教師という職業にはそぐわない」と堂々と言っている人もいた。その感覚が現実であり，実態だった。
　なぜ，IDカードを着ける必要性を感じないのか。それは，"その理由"を知らないからではないだろうか。発端が附池小の事件であったことは知っていても，そこで何があり，なぜIDカードの必要性が教訓として浮かび上がったの

か，知らない，あるいは伝わっていないからなのではないだろうか。

（2）IDカードの存在理由

2001年6月8日。開いていた自動車通用門から，一人の男が小学校に侵入した。本書で繰り返し教訓の礎としている，附池小の児童殺傷事件である。

最初に犯人とすれ違った教員は，その男を"教員"とも，"来校者"とも，"保護者"とも，もちろん"不審者"とも判別することができなかった。男はそのしばらく後，すれ違った教員のクラスで凶行を繰り広げ，他の教室でも凶行を繰り返した。

安全とは多くの場合，結果から物語ることしかできない。もしそのとき，IDカードを着用するシステムが，現在の附池小のように徹底されていたら，すれ違った教員は異変を感じることができたのではないか。そして，8人の子どもたちは命を失わずに済んだのではないか。その悔恨からIDカードの着用が義務づけられたのである。

最初に犯人とすれ違った教員は，非難の的となった。致し方ないだろう。そのとき，犯人の行く手を阻むことができていたら，歴史上，類を見ないこの事件は起こらなかったかもしれないと，多くの人が思っただろう。遺族の感情を考えると，その非難と悔恨は致し方ない。

しかし，それを非難と悔恨だけで終わらせず，教訓とするには，ここで私たちは想像しなければならない。もし，犯人と最初にすれ違ったのが自分であったなら，その男が「不審者である」と認識することができただろうか。そして凶行の前に，その動きを止めることができただろうか。

まだあのころ，学校は安全であるという考えを無意識に持っていた私たちである。いったい誰が，刃物を持った男が小学校に侵入し，子どもたちを切り付けるなどと思うだろう。すれ違った男が，そのような意志を持って凶行を働きに来たと，察知できるだろうか。

この教訓から，附池小ではIDカードの着用が義務付けられ，徹底されているのである。

（3）IDカードの役割

　IDカードの役割としては，当然，校内にいる者の立場を判別するということがもっとも大きい。附池小の事件を教訓とし，その風潮は全国的に広まったと言える。ここではまず，当事者である附池小におけるその徹底ぶりと方法を紹介したい。

　まず，校内にいる大人は全員がIDホルダーを着用している。判別は紐の色で行われ，教職員が青，保護者はベージュ，その他の来校者は赤の紐でIDカードを首からつるしている。そのカードには，担当，たとえば2年南組，と書かれ，下に名前が大きく記載されている。そして，横には顔写真が貼り付けられている。これは多くの学校園でも同じような形式がとられていることと思う。しかし特徴的なのは，カードホルダーの両面に同じIDカードを入れているということである。これは，つねに動きのある教員のIDカードが，裏返っても見えるように，という考えからである。

　他校に講演などで行ったとき，何気なくIDカードを見ていると，紐を少しでもおしゃれにしようとしていたり，ホルダーの透明のところにシールを貼っていたりするIDカードを見かけるときがある。何事も楽しむことはよいことだが，IDカードの意味を理解し，その役割を阻害しないように，教職員間で意識し合うことも必要だろう。

　ちなみに私は，2枚のIDカードの隙間に，事件で亡くなった8人の児童の名前を記した小さな紙切れを，9年間入れていた。その理由は，お守りなどという意味ではなく，もっと恥ずかしいことから始めたことである。

　私が附池小に赴任した1年目の，6月8日に行われる「祈りと誓いの集い」の直前だったと記憶している。そのときの会議で，校長が私たちに言った。

　「ある遺族に問われました。先生方は，事件で命を失った8人の子どもたちの名前を，正しく漢字で書くことができますか，と」

　会議室は，水を打ったような静けさだった。この遺族の言葉の真意は，誰もがわかっていた。事件から少しずつ年月が経ち，新しい先生が入ってくる中，先生たちの中で，何かが薄れてはいませんか，という問いかけのように感じら

れた。特に、赴任したばかりだった私は、何かを試されているようだった。そして話は続いた。

　安全を謳う前に、その安全への思いはどこからきているのか。当たり前のことだが、亡くなった8人の名前を、漢字で正確に書くことぐらいはできてほしい。「今から白紙を配るので、そこに自分の名前と、亡くなった8人の名前を漢字で書いて、前に出してから会議室を出てください」

　思いもかけない「テスト」に、私の頭は真っ白になった。絶対に間違えてはならない、間違えたくないテストである。一人の児童の名前が思い出せず、鉛筆を持つ手が異常なほど震えていた。

　恥を忍んで結果から言うと、私は、事件で亡くなった8人の児童のうち、一人の名前を思い出すことができず、さらには一人の名前の漢字を間違えた。附池小の教員として、これ以上ない恥ずかしいことだと、自責と羞恥にまみれながら、校長に「本当に恥ずかしく情けない。申し訳ありません」と言い、それ以来、祈りと、誓いと、反省をこめて、表裏2枚のIDカードの間に、亡くなった8人の児童の名前を自筆で書いた紙を入れておくようになった。

（4）IDカードの二次的な役割

　IDカードは、校内にいる者の判別とは別に、もう一つ、二次的な効果としての大きな役割がある。それは、教職員や保護者、そして地域が一体となった安全意識の向上である。

　まず教職員の安全意識の向上という点では、IDカードがどれくらい徹底されているかによるものである。たとえばの話だが、私が附池小に在職中、1度だけIDカードを校舎内の職員室に置き忘れて帰宅したことがあった。ここには重大なミスが生じている。それは、校内でIDカードを外して退勤したというミスである。附池小では、校内にいるときは、プールで水中にいるとき以外は、IDカードを外すことはない。車に乗り、正門を出た瞬間に外すのである。このとき私は、校内を一時的にでも、IDカードなしで歩いたことになる。そして翌朝、IDカードを校内に忘れたことに気付いた。職員室に入ればIDカ

ードはあるのだが，それまでの間，正門から玄関を開けて職員室の自分の机まで，IDカードを着けずに歩くことになる。このようなとき，一般的にはどうするだろう。忘れましたと正直に告げ，代替のものを着けて1日を過ごすだろう。

だが私は，「忘れました」と正直に告白することができなかった。「お腹が痛い」などというまるで幼稚な嘘をつき，仮病を使って出勤を遅らせた。幸い，IDカードは1年前のものが鞄に入っていたので，青い紐のカードホルダーを探して100円ショップなどを奔走した。そして，すべてが揃ってはじめて，「腹痛が治りました」と出勤したのだ。自慢できる話ではないが，ここに，IDカードに対する強固な意識がある。それは，"IDカードを忘れるような，安全意識の低い教師だとは思われたくない"という意識が働いたのである。それほど，附池小ではIDカードは欠かしてはならないものだった。やはり当事者意識であるといえばそうだが，このエピソードから，IDカードに対する意識を読み取ってほしいと思う。

次に保護者の安全意識についてだが，先に述べたように，附池小では保護者のIDカードの紐はベージュで統一されている。そして教職員のIDカードと同様に，顔写真が入っており，参観日のみならず，たとえば子どもが忘れ物などして届けるなどの些細な所用でも，IDカードは着けなければならない。これは保護者にとって，大変な面倒なのではないだろうか。しかし私の知る限り，「IDカードを着けるのが面倒だ」という保護者の不平の声は聞いたことがない。たとえば参観日にIDカードを忘れた保護者がいたら，恐らくその保護者は参観を諦めて引き返すだろう。間違っても，IDカードを忘れたが子どもの参観をしたいので学校に入りたい，という保護者はいない。

なぜそこまで徹底できているのか。それは，学校の，教職員の安全に対する厳しく徹底した姿勢が無言のうちに伝わっているからである。その中で，保護者はその安全に対する姿勢を理解しようとする。事件が発端であり，IDカードはその教訓から来ていることを知り，受け入れ，その学校の一員となるのである。

その一方で，不審者対応訓練や学校安全の講演で学校等を訪れたとき，「IDカードの着用が保護者に徹底しない」という声や，あるいは「IDカードの着用を保護者に要求したら，文句を言われる」といった声を聞く。多くの場合，その学校の教職員の，IDカードに対する意識は低い。"要求"するのではなく，まず学校が"示す"ことが大切なのではないだろうか。

ここで思うのだが，学校安全とは，高く頑丈なフェンスや防犯カメラ，警備員の配備など，とかくお金がかかるものであるという印象があるようだ。附池小に関して言うと，事件後に改築された校舎は，国内随一の安全設備を誇る。その安全設備を視察に来たり，研究会などで来校してその充実した設備を目の当たりにした人々は，声に出さずとも呟いている。「国立だから」「お金をかけたから」と。

しかし，ここで紹介したIDカードの徹底から波及する二次的効果としての安全意識には，お金はかからない。じつは，お金や設備の有無だけが問題なのではなく，まだできていない，気付いていない学校安全がある。

次節で紹介したい。

2　お金のかからない学校安全対策

（1）スリッパと運動靴

最近，大学の講義の一環で，とある小学校に学生を連れて，授業観察に行った。私はそこで，授業の良し悪しや内容等とはまったく別のところで，強く感じたことがあった。

それは，教師の"身だしなみ"である。ジーンズによれたシャツ，ジャージにスリッパ。そしてやはり，IDカードの着用率は半数以下だった。

私が心配になったのは，その学校なのではなく，それを見ている学生たちの目だった。教育のプロフェッショナルであるはずの"教師"のこの姿を見て，学生は教師という職業に憧れるのだろうか。「はじめに」で述べたが，私は学生のとき，教育実習の初日にスリッパを履いていき，教師から「そんなことで

子どもたちのいのちを守れるのか！」と怒鳴られ，教師という職業に憧れた。

なぜ教師たちは，スリッパを履いて授業をするのだろう。その理由と教育としての利点は何か。そのようなものがあるのだろうか。

一つの学校の教職員全員が運動靴で職務に当たることにお金はかからない。それだけで，その学校は，いざというときに子どものいのちを守ることができる学校安全の基礎を身につけることができるのである。

（2）誰でも入れる運動会

ある小学校の運動会に訪れたときだった。その小学校は全校児童数が100人に満たない小規模校で，運動会も児童と保護者など合わせて500人ほどのものだった。それぐらいの規模だと，保護者も場所取りや，我が子の出番のときの観覧位置などで，ストレスを感じることもないのだろうと思われる，よい雰囲気の運動会だった。

私は途中で水分を補充しようと，校門を出て自動販売機を探すために学校を出た。そして再び戻って学校に入ったとき，ある疑問を持った。この学校の運動会には，「誰でも」「いつでも」入ることができるのだと。これは，高い地域性を誇る学校だからこそなのだろうが，開けっ放しの校門から，たった今不審者が侵入することを，高い地域性が阻止することはできない。

私は，よく知った校長先生だったので，遠慮せずに聞いた。

「門が開けっ放しですが，防犯対策は大丈夫なのでしょうか」

校長先生は，一瞬，虚をつかれたような表情をしたあと，すぐさま自信に満ちた表情で答えた。

「この学校は，小規模校で地域に密着した学校です。みんな顔見知りだから大丈夫です」

私は，この校長先生の防犯に対する意識の低さはもちろんのこと，その地域性が思わぬ落とし穴を生み出していると感じた。100人の児童の家庭がみな顔見知りであることは考えられない。また，そこに見知らぬ顔の観覧者がいたとき，それが不審者とはだれも思うまい。

これも，スリッパを履いて授業する教師の姿と同じ側面がある。なぜ校門を閉めておかないのだろう。それは，「面倒だから」ではないだろうか。観覧者が学校を出たり入ったりするとき，校門を開け閉めするには人手がいる。チェックするシステムも必要だろう。面倒だし不可能だという考えになる。そして，「地域の学校だから大丈夫だろう」という考えに帰着するのである。

たとえば運動会の参加証をあらかじめ作成し，各家庭分を事前に配布しておく。当日，身分の不確かな者の参加は断固として認めない。その安全対策の徹底は，学校安全に対する学校の姿勢を地域，保護者に示すよい機会ともなる。

そのようなことをすると，地域や保護者から，"閉ざされた学校"と言われてしまう，という声が聞こえてきそうである。では，開かれた学校とは何か。

3　事件の教訓は生かされているか

(1)「開かれた学校」の概念

2001年6月8日に発生した，附池小の児童殺傷事件以来，全国の学校で「学校安全」について見直す取り組みが始まった。中でも大きな取り組みとしては，「門が開いていたから入った。門が閉まっていたら入らなかった」という犯人の衝撃的な言葉から，「学校一門化」の議論が各地，各学校で展開された。

なぜ校門を一門にすることの是非が問われ，議論になったのか。それは，多くの学校関係者が頭を悩ませた，"開かれた学校"と"安全な学校"の両立の難しさからである。先に述べたように，多くの地域の人や子どもたちが，学校に気軽に出入りすることができることが"開かれた学校"であるという認識がある中で，一門化を実施することは，学校を「閉ざす」ことになるという，気兼ねが生じたのである。

当時，私が勤めていた公立小学校でも，職員会議でその議題が上がり，議論になった。校長が，「つねに南北に2か所開いている門を，正門一門のみにする。南側の門は閉ざし，必要のある場合のみ職員が開けるようにする」という提案をした。しかし，教員から多くの反対意見が出た。その反対意見の論旨は，

「南側の児童が，登下校において遠回りになってかわいそうだ」というものだった。この職員会議の場で，附池小の事件が話題になることはなかった。ただ，上からの通達であるという論調だった。なぜ校門を開けていてはだめなのか。閉まってさえいれば，命を失わなかったかもしれない子どもたちがいたのだということが，この会議でしっかりと議論の根本としてあれば，不毛なやりとりはなかったのではないだろうか。

当時，"閉ざされた学校"という言葉をよく耳にした。学校の一門化が推進され，警備員が配置され，誰もが気軽に学校を出入りすることができなくなったからである。しかし，"開かれた学校"とは何なのだろう。何の警備も施されず，気軽に出入りできることが，"開かれた学校"なのだろうか。"開かれた学校"とは，地域，保護者が授業を見たいと言えば見ることができ，地域の人々と行事に取り組み，学校安全についても地域と協力しながら進めていくことができるような学校であり，門が一つになったから"閉ざされた学校"というのは，「開かれた」ということの意味を矮小化してはいないだろうか。

事件以後，絶対的な防犯対策が敷かれた附池小は，ときには「要塞のようだ」と揶揄された。校門は当然のことながら一門であり，そこには警備員が常駐し，身分が確認されてはじめて来校者用のIDカードが渡される。しかし，附池小は「閉ざされて」はいない。全国から来校者があり，突然授業を観に来ることは日常的にあり，つねに保護者やPTAの役員などが校内にいる。土日には地域や保護者とのスポーツなどを通した交流なども多く，いつも「開かれて」いる。校門が一つであること，入校の手続きが万全であることと，"開かれた学校"であるかどうかの議論の視点を混在させてはならないのである。

（2）昨今の連れ去り（略取・誘拐）事件

2014年11月17日。この日，奈良小1女児殺害事件（楓ちゃん事件）から10年を迎えた。「10年ひと昔」と言うが，やはり事件や事故，災害で失われたいのちを振り返るとき，10年という区切りが一つの目安として，あるいは記憶を呼び起こす一つの契機にはなっている。楓ちゃん事件の10年目のその日，ある新

聞に，楓ちゃんが通っていた小学校の校長が，楓ちゃんの遺体遺棄現場で合掌している画像と記事が掲載され，「事件を風化させない」というコメントを載せた。風化という言葉が表出し始めるのも10年目ぐらいからではないだろうか。人々が，そのときは事件，事故，災害に強い意識を持ち，関心の高い目を向けてはいても，10年経つころには次第にその口端にも上らなくなり，記憶は薄れてゆく。だが，その災禍に直接かかわった者，たとえば連れ去り事件でわが子を失った親にとっては，人々の記憶からわが子の災禍が忘れられていくという事件の風化は，わが子の存在の風化と結びつくのではないだろうか。ただし，風化を防ぐということは，事件の悲しみを忘れないということにはとどまらない。たとえば，その事件や事故，災害を教訓にし，同じようなことが起こらないように人々が行動し，考えることができれば，その事件や失ったいのちは"生かされ"，風化しないのではないだろうか。記憶には限界があるが，悲しみが形を変えた教訓は継続する。

　楓ちゃん事件の10年をたどってみる。

　2016年11月現在，公表されている警察庁の資料（平成27年警察白書）によると，13歳未満の子どもの被害件数で，割合の高い罪種について見ると，2012年度中は略取・誘拐が50.8％（95件）と半数以上を占め，他の罪種と比較して圧倒的に多い。そして2003年から2012年までの略取・誘拐件数で言えば，2004年の141件が最多であり，またピークとなり，以降2008年の63件まで，4年間で半分以下の件数になるほどの勢いで減少している。楓ちゃん事件は，略取・誘拐件数がこの10年で最多の2004年に発生している。楓ちゃん事件はあまりにも，その殺害方法や犯人の行動の異様さが注目され，センセーショナルに取り扱われたのだが，同じ2004年には，楓ちゃん事件より遡ること8か月の3月に，群馬県高崎市で，楓ちゃんと同じ小1女児が，26歳の男性会社員にいたずら目的で連れ去られ，首をしめて殺害されるという事件が発生している。また，略取・誘拐事件ではないが，この年の6月には佐世保小6女児同級生殺害事件があり，小学生の同級生による殺害事件ということで，センセーショナルに取り上げられた。

（3）登下校見守り隊の実情

　楓ちゃん事件では，それまで注目されていなかった，登下校の時間帯，いわゆる「魔の時間帯」の危険に世間が注目することにつながった。そして，シルバー世代を中心とする「登下校見守り隊」の全国的な普及へとつながっていったのである。その結果，児童の登下校の時間帯には至る所に大人の目が行き届くことになった。このことが，登下校の時間帯の大きな犯罪抑止となり，2004年以降の13歳未満の略取・誘拐事件の減少へとつながったと考えるのが妥当だろう。

　だが，2009年以降は減少傾向から増加傾向へと転じている。これは，2009年に何かがあったわけではなく，年月が人々の危機意識を薄れさせていると考えられる。2014年9月に発生した神戸小1女児殺害事件では，被害女児が下校した後，外へ出ていたときに発生した事件であり，下校中の連れ去り事件には当たらない。しかし，この事件で注目されたのは，「空家率」の高い地域（神戸市長田区の空家率は18.0％）[1]で発生した事件であるという点と，もう1点，「登下校見守り隊の減少と高齢化」であった。実際にこの事件が発生した地域の登下校見守り隊は，すべて70歳代以上の高齢者だけで構成されており，また，2006年の時点では89人で構成されていたが，事件発生時の時点（2014年）では40人で構成されていた。実に8年で半分以下に減少しているのである。このことは，地域住民の危機意識の低下を表しており，この地域のみならず，全国的な傾向なのではないだろうか。このことが，略取・誘拐事件の発生の増加につながる一つの要因として考えられるのである。

　私が勤める大学の近隣でも，登下校の時間帯には見守り隊がおそろいのベストを着て，子どもたちを見守っている。そして，皆が高齢者である。地域の行政が主催する講演会で安全に関する講演に行っても，聴衆はほぼすべて高齢者である。もちろん平日の日中という時間帯の理由もあるだろうが，見守り隊が

（1）　神戸市「長田区における空家・空地実態調査の結果」2015年。
　　http://www.city.kobe.lg.jp/information/press/2015/07/20150727250901.html
　　（2017年1月24日閲覧）

高齢者で構成され，著しくその数が減少しているという実情には目を向けておかなくてはならないだろう。

第5章

安全教育の実態

1 避難訓練のもつ意味

（1）非常事態の伝え方

　私が，不審者対応訓練の指導助言で公立小学校などに行ったとき，よく気になることがある。それは，不審者が万が一校内に侵入したときに，校内の児童や教職員に，その非常事態をわかりにくい文言の放送で知らせるという方法である。

　たとえばある学校では，「緊急朝礼を行います。発表は4年1組です」という放送で緊急事態であることを伝えていた。その意味は，「緊急朝礼」は「不審者が侵入しました」という意味であり，「発表は4年1組です」とは「4年1組付近に不審者がいます」という意味であった。

　またある学校では，「校長室に大きな荷物が届きました」という放送が，校内に不審者が侵入したという合図なのだそうだ。しかしはたして，その放送で児童と教職員が非常事態を知り，ただちに緊迫感を持って対応することができるのだろうか。ましてや，不審者が学校に侵入するということは，日常的には想像していない，特殊な，にわかに信じ難いことであるはずだ。そのような非常事態においては，曖昧な暗号のような言葉で反応を遅らせてしまうくらいなら，放送で叫んででも，その非常事態を緊迫感をもって全員に知らせ，情報と状態を共有し，対応する方がよい。放送する本部（職員室等）で，不審者が侵入しているという事実を把握できているくらいなら，もうすでに事態は深刻になりつつあると考えてよい。したがって，すぐに教職員はその事態に反応し，

子どもたちも危険を察知し，何が何でも安全を守るための方策を講じることが先であり，わざわざ遠回しに言っている場合ではないのである。

（2）地震の避難訓練による"刷り込み"

　1995年1月17日に発生した阪神・淡路大震災以来，多くの学校では，毎年1月17日前後に地震の避難訓練を行うようになった。それは，震災で失われた命や教訓が忘れられないように，そして語り継がれるようにという思いからくる取り組みであり，とても大切なことである。しかし，そのことが思わぬ弊害を生んだ。子どもたちの中に少なからず，"地震は寒い季節に起こるものだ"という，ある種の刷り込みがされてしまったのである。現在では文部科学省の「学校防災マニュアル（地震・津波災害）作成の手引き」にも，避難訓練は毎年決まった時期に行われがちだが，実施時期にも留意するようにするという記載がある。

　全国ほとんどの学校で，最低でも年に1回は地震の避難訓練が行われているだろう。しかしその多くは，授業中に地震が発生するという設定で行われている。2011年の東日本大震災以来，東京都などでは先進的に，予告なしに行う避難訓練などが行われているが，それでもまだ，諸事情から授業中の設定で避難訓練を行っている感が否めない。そして，放送などによる地震発生の合図と同時に，担任教諭の指示のもと，机の下に身を隠すという訓練が一般的だろう。

　ここで，注意すべき2つの"刷り込み"がある。

　一つは，これまで長らく，地震が発生したときの対処法として，「机の下に身を隠す」という指導が行われてきたが，これが刷り込みとなり，被害を拡大する可能性があるのである。たとえば，机ではなく，ピアノの下に身を隠したらどうなるだろう。阪神・淡路大震災では，地震発生後，約3秒でピアノが倒れたという例が報告されている。そして大手楽器メーカーのホームページには，"地震が発生したら，すぐにピアノから離れてください"という記載がある。しかし，机の下は安全で，ピアノの下は危険だという判断が子どもたちにできるだろうか。現在では，前述の文部科学省作成マニュアルには，「机の下に身

を隠しましょう」という文言はほとんど姿を消し、地震が発生したら、「自分の身の回りで、落ちてくるもの、倒れてくるもの、移動してくるものはないかを瞬時に判断して、安全な場所に身を寄せることが必要です」という文言に変わっている。「ものが落ちてこない、倒れてこない、移動してこない場所に身を隠しましょう」とは、児童にとっては言葉を覚えておくだけでも大変なことであり、そのような場所がどのようなところなのか、日常的に探し、その視点を育んでおくことが大切な避難訓練となるのである。

　もう一つの"刷り込み"は、地震は、授業中、先生がいるときに発生し、先生の指示に従って行動すればよい、という刷り込みである。しかし当然のことだが、地震はいつ、どのような場所で発生するのかわからない。学校にいる時間帯に地震が発生したとき、もしもそれが休み時間だったらどうなるだろう。大変なパニックに陥りはしないだろうか。

　私が大阪教育大学附属池田小学校（以下、附池小）で2年生を担任しているときに、休み時間に避難訓練を行う安全教育の実践を行ったことがある。この実践では、子どもたちの行動から、あらためて安全教育の重要性を再認識させられた場面があった。次項でその実践を紹介したい。

（3）「もしも休み時間に地震が起きたら」

　この実践は、全校で一斉に、休み時間に地震の避難訓練を行うというものだったが、私は一つの教材として、休み時間に行う避難訓練の事前・事後の授業プログラムを開発して実践した。そこでは、子どもたちの授業での実態から、避難訓練において大変重要な要素が見えてきた。ここで紹介したい。

　まず事前の取り組みだが、児童に、「休み時間はいつも、だれとどこにいますか」という問いかけを行った。教室、運動場の鉄棒付近、遊具、図書館など、様々な場所が挙げられた。そして、もしもそこで、休み時間に地震が起きたら、どこに身を隠すかを考え、調べてくるようにと、各々の場所へと行かせた。2年生の子どもたちなりに、一生懸命に考え、想像を働かせて教室に戻ってきた。そして、考えてきたことを黄色の付箋に記入させ、白い模造紙の大きな校内マ

ップの中に描いた，自分の遊び場所にその付箋を貼らせた。

　そして，避難訓練当日がやってきた。私の学級の児童にとっては，たんなる休み時間の避難訓練というわけではなく，"検証"の意味を持つ避難訓練だった。私は子どもたちに，避難訓練で地震発生の合図があったら，前回の授業で考えた場所，方法で身を隠し，「どうだったか」を肌で感じて帰ってくるように言っていた。

　訓練が行われる休み時間の間，私は運動場にいて，児童の様子を見ていた。目をやると，私のクラスの児童でドッジボールをしている子どもたちがいた。そのグループは，地震が発生したら，運動場の真ん中で小さくなって避難する，と書いていた。そのようなことを思い起こしながら，クラスの子どもたちを探しながら歩いた。

　避難訓練開始の時刻が近づいてきた。そのとき，私のクラスの3人の男子児童の姿が目に入った。彼らは，体育館と校舎の間にある，少し狭めの芝生広場で，鬼ごっこをして遊んでいた。当校の体育館は，可視性を重視して，一部が特殊な強化ガラスでできており，その広場に面したところもガラス張りになっていた。したがってその3人組は，「体育館のガラスが割れたら大変だから，校舎の方に行って身を隠す」と事前の付箋に記していた。私は何となく，その3人の児童の様子を見ていようと決めた。

　そして避難訓練が始まった。避難訓練があることはわかっているので，1〜6年生の子どもたちは，少し緊張感を漂わせながら，思い思いの場所で遊んでいた。そして，当校が設置して使用している"デジタルなまず"（緊急地震速報受信装置）の音声が校庭に鳴りわたった。

　「地震発生，10秒前，9，8……」

　子どもたちはその放送を聞いて方々に散り，来る地震に備えようとしていた。6年生の児童が，近くにいる低学年の児童に声をかけ，一緒に避難しようとする姿も見かけ，感心した。

（4）自ら判断した子どもたち

　私は，自分のクラスの3人組の男子児童の方を見た。彼らは地震速報の放送を聞き，すぐに予定通りに校舎の方へ駆け込もうとしていた。するとそのとき，予想もしなかった子どもたちの行動が目の前で繰り広げられた。

　3人のうちのKくんが，他の2人の児童の腕をつかみ，校舎に行くのを止めようとしたのだ。私は予想外のKくんの動きに驚きながらも，3人を注視した。Kくんは，校舎へ行こうとする2人に，何かを叫ぶように訴えていた。そして3人は，顔を見合わせたと思いきや，すぐさま校舎と体育館の真ん中あたりに行き，その場で頭を抱えて身を小さくした。

　なぜ彼らは，その場で予定を急に変えたのか。なぜ校舎に逃げ込まなかったのか，私はその理由に強い関心を持った。

　子どもたちは，各々の場所での検証を終え，教室に戻ってきた。教室に戻るとすぐに，その検証結果を今度は赤い付箋に記入させた。記入する内容は，決めておいた場所に身を隠してみてどうだったか，という内容である。様々な内容の記述がみられた。

　図書館の大きな机の下に身を隠した児童は，本棚が倒れてくるかもしれないという恐怖を感じたという。だから，本棚から遠く離れた机に隠れた方がよいと記述した。まさに，「倒れてこない場所」の実感である。

　また，自然観察園という場所の，土管の中に身を隠した児童は，土管の周りの土が崩れて，土管の中から出られなくなるかもしれない自分を想像したのだと記述した。いずれも，訓練の中で実際に体験したからこそ可能な"想像"である。このような実体験的な学習の中で行う"想像"が，身を守る実践的な力となっていくのである。

　そして，私が見ていた3人組の記述を読んだ。その3人組の付箋の記述は，2人を引き留めたKくんとは別の，引き留められた児童が記述していた。そこには，このようなことが書かれていた。

　「ぼくたちは芝生で鬼ごっこをしていました。地震が起きたら校舎の方に隠れるつもりでしたが，突然Kくんがぼくたちの腕をつかんで，校舎が崩れる

かもしれない、と言いました。体育館も割れるかもしれないので、ぼくたちは、校舎と体育館から一番遠い真ん中あたりで、頭を抱えて身を小さくしました。」

これが正解かどうかはわからない。大切なことは、この学習の中で、子どもたちが"自分の身を守るため"に"そのとき、もっとも適切だと思える判断"を、教えられたり強制されたりしたのではなく、"自らした"ということなのである。

このような判断場面の学習は、小学校段階から、というよりも、小学校段階だからこそ、積み重ねていくべきなのである。なぜなら、子どもたちは純粋だからである。大人なら、どうせ訓練だから、という態度で臨んでしまうところを、子どもたちは、まるで訓練であることを忘れたかのように一生懸命に取り組む。これが、小学校段階でこそ、充実した安全教育を行うことの一つの大きな価値なのだ。

しかしながら、安全教育をただやればいいというわけではなく、これまで正しい、効果的である、とされてきた安全教育内容にも、よく見極めなければならない"落とし穴"がある。そのことについて考えてみたい。

2　防犯標語「いかのおすし」の落とし穴

（1）「いかのおすし」が広まった理由

「いかのおすし」という防犯標語は、教育関係者や、あるいは学校や園に通う子を持つ保護者であれば、目にしたり耳にしたりした人は多いのではないだろうか。

念のために簡単な解説を加えておくと、「いかのおすし」の「いか」は知らない人について「いか」ない、を意味し、「の」は他人の車には「の」らない、を意味する。「お」は「お」お声を出す、「す」は「す」ぐ逃げる、そして、「し」は、何かあったらすぐ「し」らせる、を意味する。2004年に、東京都教育庁と警視庁少年育成課が作成したものであり、瞬く間に全国に広まった。

なぜここまで「いかのおすし」が広まったのかを考えたとき、まず、考案さ

第5章　安全教育の実態

れた2004年という年に注目する。この2004年の近辺を考えたとき，その3年前の2001年には附池小の児童殺傷事件が発生し，2004年には佐世保小6同級生殺害事件や，奈良小1女児殺害事件が起きた。そして2005年には本書で取り上げた，寝屋川市立中央小学校教師殺傷事件が発生するなど，学校が舞台となったり，子どもが被害に遭うというセンセーショナルな事件が多く起きたという背景がある。

　そのような中で，学校現場では子どもたちのいのちをいかにして守るのか，という大きな命題が課せられた。しかし，いざ安全教育を行おうとしても，これまでに避難訓練や警察が主体となった交通安全教室というものは行われているものの，こと防犯教育というカテゴリーにおいては，過去に継続的に広く取り扱われてきた教材が見当たらないほど乏しかった。そのため，現場の教師たちは，何をどうすればよいのかわからないという，混乱した時期だったと言える。2003年には文部科学省から，「学校の安全管理に関する取組事例集」が出されたが，各学校園が安全教育を推進するには具体性に欠ける内容だった。

　そのころ，広く認知され，取り組まれ始めていた「安全マップ」と並び，「いかのおすし」は学校現場にとっては飛びつきたくなる一つの教材だったと言えよう。その要因としては，マニュアル的で教えやすく，「覚えさせる」という単純な活動で事が済み，子ども受けするものであるということが考えられる。そして何よりも，防犯とは結びつかない「いかのおすし」という言葉の響きと，「おすし」という言葉のイメージが，防犯や犯罪というテーマのもつ本質的な暗さをかき消してくれるため，教える側の教師たちに安心感を与えたのだろう。

　しかし，ここで考えなければならないのは，この「いかのおすし」が，安全教育としてどのように取り扱われ，どのような効果を生んでいるのかということの検証である。警察署のホームページには「犯罪にあいそうになったら"いかのおすし"を思い出しましょう」というような子どもへの注意喚起や，「ご家庭や地域全体でも，"いかのおすし"の教えを繰り返し教えましょう」といった文言が見られる。「いかのおすし」と覚えておけば，犯罪には遭わないの

89

だろうか。ここに，子どもの実態との乖離がある。「覚えさせる」だけで何らかの効果がある，という，検証のない妄信に陥ってしまったのである。

　実際に学校現場で「いかのおすし」を授業で取り扱ったときの様子を，次に述べたい。

（2）「いかのおすし」を題材とした授業の視点

　2015年度の1年間，私は安全教育に関する研究の一環で，いくつかの小学校で授業をしたり，調査協力を依頼し，安全教育の効果に関する研究調査を行ってきた。調査に行くたびに，子どもたちを見ていると教師時代の虫がうずき，無理を言って私も授業をさせてもらうことが多かった。その中で，2015年7月に，岡山県の公立小学校で行った授業は，「いかのおすし」を題材にしたものであり，その防犯標語が持つ顕著な特性が如実に出た授業だったので，ここで紹介したい。

　まずは授業づくりの視点である。

　先にも述べたように，「いかのおすし」は広く全国的に広がり，安全教育の一つとして活用されるようになった。私が勤務していた附池小でも，夏休みのくらしなどについて配布するプリントには，かならずといっていいほど「いかのおすし」を覚えておきましょう，といった文言が記されていた。しかし，それだけで安全教育と言えるのだろうか。また，「いかのおすし」には，防犯上の効果が実際に認められるのか。子どもたちにとって有効な安全教育となっているのだろうか。

　これまでの学校教育において，このような防犯標語を用いた安全教育は，何の疑いもなく「正しい」とされてきた。しかし，2015年2月の和歌山小5殺害事件や，2014年9月に発生した神戸女児殺害事件，少し遡るが，2006年に発生した，滋賀県長浜市の園児殺害事件にしても，いずれも被害に遭った子どもと犯人は，「顔見知り」であったという。これは，「知っている人」でもついていってはいけない状況だったのである。これらの事件から私たちは，「いかのおすし」などの安全教育内容が，「正しくないときもある」ことを認識すべきな

表5-1　大阪教育大学附属池田小学校2年生38人を対象に行った「いい人？わるい人？」の授業前調査（2011）

外見	29人	サングラス・黒い服・帽子・大きな荷物・マスク・眼鏡
感覚的	7人	変な人・悪そうな顔・気味が悪い
教え	2人	知らない人・会ったことのない人

のである。

　そこで本実践では，出会う「人」に注目した。知らない人や悪い人に対する先入観や固定概念に捉われることなく危険を見極め，予知し，回避することができる能力の育成は，児童の安全・安心な日々にとってなくてはならない教育内容である。

　私が勤務していた附池小で，「今までに，知らない人に声をかけられて『こわいな』と思ったことはありますか。」という質問に対し，38人中10人の児童が「ある」と答えた。また，「悪い人」に対するイメージについては，表5-1に示すような用語を得た。

　この調査から，児童の「悪い人」に対するイメージは，外見に大きく依存している様相がうかがえる。

　本実践においては，「知らない人にはついていかない」という教えについて考える授業を設定した。様々な場面設定において，「知らない人にはついていかない」という教えによる判断基準と，「困っている人には親切にする」という子どもらしい心情との間の葛藤が生じる中で，危険を回避するための行動を考え，交流する。服装や「知らない人は悪い人」という先入観からくる危険予知・回避ではなく，そのとき，その場でのもっとも適切な判断力を発揮するための素地を養うことを目的とした授業である。

（3）「知らない人に出会ったら」の授業の展開

　2015年の岡山県公立小学校での本実践は，4年生の学級を借りて行った。当校は岡山県の山間部に位置する小規模校であり，4年生は12人（うち2人欠席で10人を対象に授業を実施）であった。

まず授業の導入段階で、「（　）にはついて行ってはいけません」という言葉を提示し、（　）にはどのような言葉が入るかを子どもたちに問うた。予想通り、すぐに反応があった。ほとんどの児童がすぐに、「知らない人」と答えた。「知らない人にはついて行かない」という、「いかのおすし」の「いか」が浸透している様子が伺えた。

そして1枚のイラストを提示した。そのイラストを見せながら、まずイラストの状況を説明した。

「道を歩いていると、お腹を押さえて苦しそうにしているお姉さんがいました。すぐ近くだから、いっしょに荷物を持ってくれないかなと頼まれました」

そしてすぐに児童に、「あなたならどうしますか」と問うた。ここで大切なのは、自分自身がその場にいて、とっさの判断を迫られている状況であり、教室でゆっくり考える場面ではないと伝えることである。そこで、ワークシートにすぐにその判断を書くように告げた。

今、私の手元にそのときのワークシートがあるが、"断る"と"助ける"に分けると表5-2のようになった。

10人のワークシートを見ると、8人が"断る"であり、2人が"助ける"と答えている。しかし、これらのワークシートをよく読むと、3つに分類することができる。

一つめは、"断る"の1～6における、「いかのおすし」浸透グループである。このグループにいる児童は、躊躇なく「無視」したり、「知らない人」であることが主要な理由となっており、それが誰であろうとどのような状態であろうと、「知らない人」であれば助けないのだというグループである。

2つめは、"助ける"の1～2の、道徳的心情優先グループである。4年生の10人の学級で、助けてあげると言った児童は2人だったことになる。しかし、この2人も同一ではなく、"助ける"の1の児童は条件付きであり、「本当に近くだったら」という断りの上である。一方で"助ける"の2の児童は、「くるしそう」で「こまっている」のだから助けるのだと、無条件に助けるという判断をしている。

第5章 安全教育の実態

表5-2 岡山県備前市立小学校4年生10人を対象に行った「知らない人に出会ったら」の授業におけるワークシートより（2015）

断る	1. あやしい人かもしれないから、にもつをもたない。 2. 無視する。あやしいから。 3. もたない。せっきょくてきに言われたらあやしいから。 4. 自分から「にもつをもってくれない」と言ったのであやしいから持たない。 5. もたない。しらない人だから。 6. にもつを持ってあげない。理由は、しらない人で、もしつれさられたらこわいから。 7. 近くに大人の人がいたら「おなかがいたい人がいるから病院につれて行ってあげて」と言う。なぜかというと、その人がふしんしゃだったらゆうかいされてしまうから。 8. 「ごめんなさい。ほかの人にたのんでください」と言ってにげる。そして、家の人か大人につたえる。
助ける	1. まず「どこまでですか」と聞く。それで本当に近くだったら持ってあげる。声をかけられたんだから。 2. 持ってあげる。くるしそうにしているし、こまっていたから。

　3つめは、"断る"の7～8における、葛藤グループである。この2人の児童は、結果的に断ってはいるが、本当は助けたいという子どもらしい優しさと、「知らない人にはついていってはいけません」という教えの狭間で葛藤した様子が窺える。私は、後でこの葛藤グループの考えを取り上げることにして、次の展開へと進んだ。

　次の展開として、「書いたことと実際の行動の違い」を実感させるため、ロールプレイを行った。とくに「いかのおすし」浸透グループの、「無視する」や「にもつを持たない」という言葉は、実際にはどのように行動するのかを、私が声をかける大人役を演じて行った。まず、「無視する」とはどのようにすることか、実際にできる人は？と問いかけると、子どもたちは我こそはと一斉に挙手した。一人の男子児童を指名し、ロールプレイを始めた。私がその児童に、セリフ通りに声をかけた。すぐそこだから、一緒に荷物を持ってくれないかな、と言うと、その児童は笑いながら、走って逃げる演技をした。そのとき、学級内は笑いに包まれたものの、その行動を疑問視する声が少し漏れ聞こえた。すぐに私は、「いかのおすし」浸透グループからもう一人指名して、同じようにロールプレイを行った。すると、その児童も同じように、声をかけた大人の言葉を無視し、目もくれずに立ち去る仕草をした。また教室は笑いに包まれた

が，一人の児童がつぶやいた。「かわいそう」と。

（4）教え込まれた「いかのおすし」

おなかが痛い，と言う大人から，逃げるように立ち去る友達の行動を見て，「かわいそう」とつぶやいた児童の言葉を耳にし，私は，先のワークシートの葛藤グループの児童に焦点を当てた。

まず，"断る"の7の児童に，どうしてみんなと同じように無視しないで，大人の人に助けてもらおうとするのか，理由を聞いた。するとその児童は，「だって，本当におなかが痛いのだったら，大変だから」と言った。

次に，"断る"の8の児童に，どうして最初に「ごめんなさい」と謝るのかと尋ねた。その児童は，しばらく考えた末に，「助けてあげられないから」と言った。この2人の考えや言葉をもとに，しばらく議論した。ここが，私の授業のねらいだった。標語が身を助けるのではなく，本当に今できることを考えてほしい。その際に，「助けてあげたい」という，子どもらしい優しさを教育が否定してはいけない。逆に大切にしていかなければならないはずである。その中で，心情と安全な行動を葛藤させながら，「そのとき，もっとも適切な判断」ができる力を育みたいのである。したがって，ここで，「では，この場合に危険な目に遭わないために，どんなことを考えていけばいいでしょう」と問いかけると，「大人の人を呼ぶ」「電話を借りて自分の親に連絡する」「近所のお店まで行って大人の人とバトンタッチする」などの，様々な考えや行動の方法が出されるはずであり，それを共有して力にしていくのである。

だが，このとき，私が10人の児童に，「では，この場合に危険な目に遭わないために，どんなことを考えていけばいいでしょう」と問いかけると，一瞬，授業を横から見ていた担任の先生の方を見た後，みな一様に大きな声で言った。
「いかのおすしを思い出す！」

（5）"思考の経験"を積み重ねること

この授業を終えて実感したことは，教え込みの強さである。小学生は純粋で

第 5 章　安全教育の実態

あり，吸収力も早く強い。また，先生や他の大人が言うこと，教えてくれることは，基本的には正しいと思っている。

　じつは授業後に，他の先生に聞いて知ったことなのだが，私が授業したクラスでは，授業の前日などに，学校安全の研究をしている私が授業に来るということで，担任の先生が徹底して「いかのおすし」を子どもたちに教えていたそうである。このことからもわかるように，教師にとっても他の大人にとっても，「いかのおすし」とは，疑いようもなく，子どもたちの安全にとって大切なものであり，覚えておけばいいというものになっているのである。

　「いかのおすし」が間違っているのではない。いかなる秀逸な防犯用語であろうとも，言葉で安全は守ることができないのだという理解が必要なのである。

　そしてまた，ここに教育が，あるいは大人がと言った方がいいのだろうか，それらが持つ矛盾や都合のよさが，子どもたちの混乱を招く一因となっている。たとえば，今回の授業では，たとえお腹が痛いと訴えている人に対しても，「知らない人だから」という理由で「無視する」という児童がいた。これは今や，「いかのおすし」を覚えるように指導している学校や地域の子どもなら，一般的な反応なのではないだろうか。しかしその一方で，「困っている人がいれば助けてあげましょう」という教えも，大人たちはしてきている。今回の授業を「安全教育」としてではなく，「道徳」の教材として行っていたら，どのような結果になり，子どもたちはどのような考えを持ったのだろうと考えると，興味深い。

　また，地域や学校で「あいさつ運動」が推奨されることも多い。これは，校門で活動される運動である場合が多いが，知っている人にはあいさつし，知らない人は無視するという運動ではないはずである。

　したがって，すべてを一括りにして，こうするものだ，ああするものだということが教育なのではなく，ましてやそれらがすべて正しい，あるいは適切な内容であるとは限らないのである。「いかのおすし」の「お」で，「大声を出す」ことを実行した結果，より危ない目に遭わないとも限らない。そのようなことを教え込んでもいいのだろうか。

大切なことは，学校や家庭教育の中で，実際の場面を想定して考え，対処する"思考の経験"を積み重ねていくことなのである。その経験が，生きた力となり，危険を予知し，回避する能力に結びつき，いざというときに，"もっとも適切な判断"ができる力を育むのである。

3 本当の安全マップとは

（1）安全マップの間違った捉え方

　安全マップは，防犯カテゴリーの安全教育として，多くの学校で実践され，また，保護者にも目にしたり耳にしたことのある人が多いかと思う。もともと，この安全マップは，「地域安全マップ」と称され，立正大学の小宮信夫教授が2002年ごろに提唱を始めたものである。その後，テレビ等のマスコミでも取り上げられ，瞬く間に大きな広がりを見せた。

　私自身も，附池小に赴任した2005年には，安全マップの研究授業を行ったし，小宮教授に附池小まで来てもらい，教員で安全マップの勉強会を行ってきた。

　この安全マップの授業は，子どもたちの危険予知・回避力を育む上で非常に優れた安全教育であり，文部科学省においても2015年3月に，「学校安全に関する更なる取組の推進について（依頼）」の中で，"3．通学路安全マップの作成"において，"児童生徒等に対し，通学路の安全マップを作成させることは，安全の問題を自分たちの生活空間と関連付けて具体的に考えさせる教育として非常に有効である。児童生徒等が自ら危険を予測し，回避することができるようにするためにも通学路の安全マップの作成及び活用を促進すること。"とし，安全マップの授業を推奨している。

　ところが，多岐に広がりをみせるほど，本質からずれた多様化を生んでしまい，本来の安全マップの授業の効果が生み出されない，まったく別物の安全マップが至る所で見られるのである。各地方公共団体のホームページを検索してみると，安全マップへの間違った捉え方をしていると思われる以下のような文言が見られる。

"「地域安全マップ」とは，子どもの安全を確保するために，通学路上の要注意箇所などを示した地図です"

"信号機のない交差点や夜間暗い道路など，校区内の危険個所についてまとめたマップです"

"教育委員会では，子どもたちの通学や遊び場などにおける交通事故防止，安全確保のため，危険個所を明示した「学校安全マップ」を作成しています"

などである。これらの文言が，安全マップの学習に対する誤った認識であるということの際たるものとして，以下の新聞記事を紹介する。

> "奈良市の小学１年有山楓ちゃん（７つ）が17日に誘拐され，殺害された事件で，通っていた市立富雄北小が10数年前から，通学路の危険なポイントをリストアップし，作製した「安全マップ」に，楓ちゃんが連れ去られたとみられる場所は入っていなかったことが24日，分かった。関係者によると，同小の安全マップは，教員の意見などを入れて毎年手直し。プライバシーに関する情報を含むため保護者全員に配布はしないが，補導員らが持ち，気を付けていたという。今年６月改訂の最新版はB4の大きさで，40カ所余りの危険ポイントを図上の旗で強調。痴漢や不審者の情報がある場所，人通りが少ない場所，踏み切りなど，それぞれの情報も付け加えていた。"
> 　　　　　　　　　　　　　　　　（奈良新聞朝刊，2004年11月25日）

これらの記事やホームページ上の文言の，どこに誤った認識があり，本当の安全マップの取り組みとはどのようなものであるのかについて，次項で解説したい。

（２）安全マップの本質

先述した，「地域安全マップ」の提唱者である小宮は，著書の中で[1]，「地域安全マップ」を推進していく上で大きく参考にしたのが，欧米諸国の犯罪対策に

（１）　小宮信夫『犯罪は「この場所」で起こる』光文社新書，2005年，p. 27。

おけるパラダイム・シフト（発想の転換）であるという。もともと欧米諸国は，犯罪の原因を，犯罪者の異常な人格や劣悪な境遇に求める「犯罪原因論」が主流であった。しかし，この理論だと，犯罪を減らすためには異常な人格の改善や劣悪な環境を除去するという，非常に困難なプログラムが必要であり，また，その処遇プログラムによって再犯率を低下させることができず，さらには，この理論には被害者の視点が欠落しているということが問題視された。そして欧米諸国の犯罪原因論は大きく後退していったのだと小宮は述べている。

　そこで起こった欧米諸国における，犯罪対策のパラダイム・シフトとは，犯罪原因論から「犯罪機会論」への移行であった。そして，犯罪者の処遇により犯罪を減らそうとするのではなく，犯罪機会に注目して犯罪を「予防」することにシフトしたのである。この「犯罪機会論」を取り入れたのが，小宮が提唱する「地域安全マップ」なのである。犯罪機会の要素として，小宮は領域性と監視性を挙げ，この2点に気づく危険予知力と，そこを避ける危険回避力を育むのが，安全マップの本質であるとした。したがって，安全マップの本質とは，マップを作ることでもなく，過去に不審者が現われた場所をマッピングすることでもなく，交通事故が起こりやすい場所を地図にすることでもないのである。

　そう考えると，先に例に挙げた地方公共団体のホームページの文言が，安全マップの本質を理解せずに書かれていることがわかるのである。また，2004年の奈良小1女児殺害事件の新聞記事を例に挙げたが，これは安全マップではなく，不審者マップであり，楓ちゃんが連れ去られた場所がそのマッピングに入っていなかったからと言って驚くことはないのである。なぜなら，当小学校が作ってきた「安全マップ」なるものは，「情報マップ」なのであり，楓ちゃん事件を防ぐための，そしてこれからの犯罪を防ぐための，子どもたちの安全に対する力を育むための有効な取り組みではなかったのである。"40カ所余りの危険ポイント"とあるが，見つけようと思えば100カ所でも見つけることができる。そのポイントをマップにして，その場所だけを大人が気を付けておくことが，防犯上有効であるとは思えない。そうではなく，「こんな感じの場所が危ないのだ」ということを，子どもたちが学ぶことが大切なのである。

「こんな感じの場所」とは，領域性と監視性が強い場所である。そこで小宮は，児童がこの領域性と監視性について理解を深めることができるように，「入りやすく」（領域性）「見えにくい」（監視性）場所を探しましょう，という方法で安全マップをよりわかりやすいものにした。小宮は附池小を訪れ，私たち教員に安全マップの授業のレクチャーの中でも，「まず子どもたちに，"入りやすく，見えにくい場所"という言葉を覚えさせましょう」と言った。私は安全マップの授業の可能性に惹かれ，毎年実践するようになったが，その中で，「理論と子どもの実態との相違」に気づき，そこからさらに，独自の安全マップの授業を開発した。そのことについて，次項以降で述べていきたい。

（3）犯罪機会と遊び場所──「2つの公園」の授業から

　ある年の安全マップの授業で，私は5年生の児童を連れてフィールドワークに出た。この日は，校区を皆で歩きながら，"入りやすく""見えにくい"場所を探しながら歩き，犯罪が起こりやすい場所に対する視点を育成することを目的としていた。

　ある公園にさしかかった。その公園は，少し暗いところにあり，周りも人通りの少ない場所にあった。様々な点で安全安心とは言えない公園として，私があらかじめピックアップしていた公園であり，そこに児童を誘導してきた形であった。児童は「暗いから危険」「周りに民家がないから危険」など，"見えにくい"という「監視性」に着目した意見を，予想通り口にしていた。

　そのとき，ある児童がつぶやいた。

「でも，出入り口が2カ所あるから安全だね」

　私は，なるほどと思いながらも，何かがひっかかっていた。そして，その自らの疑問を解決するためにも，数日後に「2つの公園」と題する授業を行った。

　まず子どもたちに，Aのイラスト（図5-1参照）を提示し，どこが危険かを探し，そこをマークするように言った。「遊具のトンネルが暗くて危険」「トイレの前の壁が高くて見えにくい」「公園の周りに木が生い茂っていて見えにくい」「マンションの窓が公園を向いていないから，人の目が行き届いていな

第Ⅱ部　これまでの学校安全と安全教育の実態

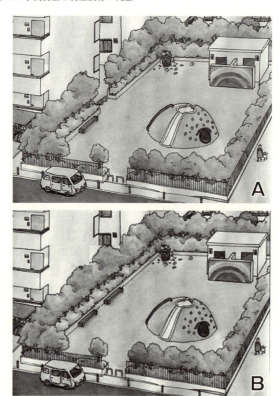

図5-1　大阪教育大学附属池田小学校5年生40人を対象にした「2つの公園」で使用したイラスト（2013）

い」という「監視性」を主にした意見が出される中，ごみ箱に注目し，「ごみが片づけられていないから，人があまり出入りしていない感じがする」という，「領域性」の弱さからの「入りやすさ」に着目した意見も出された。

　そして次に，もう1枚のイラストBを提示した。

　そして，先に提示していたイラストAとの違いをたずねた。すぐに子どもたちは，出入り口が一つになっていることに気が付いた。そして私は子どもたちに問いかけた。

　「Aの公園は出入り口が2つあり，Bの公園は出入り口が一つです。他の条

件はすべて同じです。どちらの公園で遊びますか」

ワークシートに，選んだ方の公園の記号を書かせ，その理由も書かせた。

結果は，学級の40人の児童のうち，26人がAの公園を選択し，12人がBの公園を選択した（図5-2）。過半数を超えたAの公園の選択理由だが，Bの公園に対する不安を書いている児童が多かった。「Bの公園は犯罪者が入りやすく，（自分が）出にくいから」「出入り口が一つしかなかったら，そこをふさがれたら逃げることができない」「もし不審者がいたとき，出入り口が一つしかないから，そこまで逃げるのに時間がかかってしまう」といったような，Bの公園に対する不安の声が多く聞かれた。

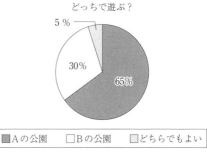

図5-2　大阪教育大学附属池田小学校5年生40人を対象にした「2つの公園」における調査（2013）

次に話題を変えようということで，「公園でどんないたずらをしてもいいと言われたら，どんないたずらをしますか」と聞いた。子どもたちは喜々として，様々ないたずらを思いつき，楽しそうに発言した。そして，「では，そのいたずらを，AとBのどちらの公園でしますか」と問い，ワークシートに選択した公園とその理由を記入させた。

すると，図5-2とほぼ同じ結果が出たのみならず，児童の移動（AからBへなどの）もほとんどなかったのである。要するに，Aの公園で遊ぶと回答した児童のほとんどが，Aの公園でいたずらをすると答えているのである。理由は，「出入り口が一つしかないと，不安だ。見つかったとき，逃げることができない」というものがほとんどだった。いたずらは，「入りやすく」「見えにくい」場所でする。それは，犯罪者と同じ心理ではないか。遊びたい公園と，犯罪者が好みそうな公園（いたずらをしたい公園）が同じであるとわかったとき，子どもたちは驚きの声をあげた。

子どもたちが直感的に実証したように，犯罪機会論で考えると，犯罪を犯そうとする者は，出入り口が２つの公園の方を選択すると考えられる。それは，「入りやすく，逃げやすい」からである。そして子どもたちは，遊ぶ公園を選択するときに，犯罪者と同じように，「逃げやすい」公園を選択した。結果的に子どもたちは，犯罪者が好みそうな公園を選択していたのである。

　この実践から考えさせられたことは，危険予知と危険回避は，矛盾することもあるということである。「危ないな」と感じると同時に，子どもは自分の身を守る方法も考える。たとえば，路上駐車の車があり，まわりに人がいないとき，「車の陰から人が出てきたら」とか「車に連れ込まれたら」と考えるのが危険予知であり，その車から離れて歩いたり，とっさに道を変えるのが危険回避である。ここに矛盾はない。しかし，公園の例の場合，「逃げる」という意識（危険回避）が子どもたちの中で優先してしまうのだろう。その結果，犯罪者が抱くであろう危険予知・回避と重なってしまったのである。

　この授業から私は，「入りやすく」「見えにくい」というキーワードだけに頼る安全マップの授業ではなく，子どもの実態に応じた安全マップの授業が必要だと感じた。そこで考案した安全マップの授業を，次に紹介したい。

（4）「入りやすく見えにくい」という言葉の盲点

　ある年に私が担当していた３年生の学年は，安全マップの取り組みにおいて，「入りやすく見えにくい」というキーワードを徹底し，フィールドワークを行って安全マップを作った。その安全マップは学習発表会で発表の機会を持ち，保護者を招いて子どもたちは堂々と発表した。「入りやすく見えにくい」というキーワードも，ただ教え込み，記憶させるわけではなかった。私が撮影した画像から，危険だと感じた場所とその理由を発言させ，そこから「入りやすく見えにくい」というキーワードに結び付けていくという方法をとるなど，私にとっても手応えのある取り組みだった。

　しかし，私の中でいつも疑問だったことがあった。「入りやすく見えにくい」というキーワードを，子どもたちは覚えておくことができるのだろうか，とい

うことだった。その疑問を解決すべく，その児童たちが4年生になったとき，120人を対象にアンケートをおこなった。質問内容は，「昨年行った安全マップの授業で，フィールドワークに行くときのキーワードがありました。危険な場所を探すときに，（　　　）ところを探しましょう，というキーワードですが，（　　　）には，どのような言葉が入りますか。」というものだった。

　結果は予想を超えて，「入りやすく見えにくい」という言葉を覚えていて書くことができた児童は，120人中たったの4人であった。多くの児童はまったく覚えていないか，覚えていても「入りにくい」など，言葉が変わってしまっているものが多く見られた。

　この結果の原因と，その解決法はいろいろとあることは承知の上で，一つの原因を取り上げるとすれば，「入りやすく見えにくい」という言葉は，子どもたちにとって「覚えにくい」言葉であるということが言えるだろう。その理由として考えられるのが，主語の混在である。「入りやすい」という言葉の主語は不審者であり，「見えにくい」のは私たちなのである。したがって，子どもたちにとってはその言葉から，何らかの具体的な事柄を想像することが困難であり，短期的な記憶に留まってしまったのではないだろうか。

　安全マップの授業の本質は，視点作りである。したがって，「入りやすく見えにくい」というキーワードを1年後に忘れてしまっていても，視点を作る学びができていれば，さほど問題はないのかもしれない。しかし，このような様子だと，「入りやすく見えにくい」という言葉そのものを理解できずにフィールドワークに参加している児童もいるのではないか，という疑念が私の中で生じてきた。そこで，「言葉」だけに頼るのではなく，子どもたちの「直感」に基づいた安全マップの学習を考えた。

（5）マップを作らない安全マップの取り組み

　私がある年の5年生を担任したときの安全マップの取り組みは，児童の実態やそれまでの実践経験から感じたことをもとに，これまでの安全マップの取り組みの中で「当たり前」とされ，推奨され，セオリーとされていたことのうち，

2つのことに関して変えて実践してみようと試みた。

　試みの一つ目は，"マップを作らない"安全マップの授業であった。安全マップの授業の本質は，先に述べたように，危険を予知し，回避する力を育むことであり，こんな感じの場所が危険だという「視点」を作ることにある。したがって，「視点」ができれば授業の目的を達成しているわけであり，その後のマップ作りはけっして必須というわけではない。であるにもかかわらず，なぜマップを作るのだろうか。

　「地域安全マップ」の名の通り，子どもたちはフィールドワークを行い，自分たちの地域や通学路を歩きながら，「ここは危ないね」と自分たちが暮らす地域を，ある意味で否定しながら歩く。本来の安全マップのフィールドワークの目的は，地域の危ないところや不審者が出現した場所を探すことではなく，それがどのような地域のどこであろうと通ずる，「危なそうな場所」に対する視点を築くことである。そうは言っても，自分たちの地域を歩き，ある場所を指して「こんな場所に不審者が隠れていそうだね」と指摘したりする活動は，子どもたちにとって，ともすれば自らの地域を否定しているような，マイナスイメージの活動になりうるのである。そこで，調べてきた場所や歩いたルートの地図をグループで描き，写真を貼り，そこがなぜ危ないのかについて自分たちの言葉でコメントを記入し，マークをつけてみたりイラストやレイアウトを工夫するなどし，楽しく前向きにマップを作るのである。そのことによって，マイナスのイメージをプラスのベクトルにつなげていこうとするねらいがあるのである。

　そして，その年の5年生の安全マップの実践では，最終的にマップを作るのではなく，見つけてきた危険な場所について，パソコンを使ってプレゼンテーション資料を作成し，発表する方法をとった。子どもたちは，自分たちが伝えたい，危険だと思われる場所に何度もグループで足を運び，通行人役と不審者役などの役割を決めて撮影を行った。たとえば，木陰に隠れて，不審者が通行人から見えていない様子を画像で表現するなどしていた。このプレゼンテーション資料の作成と発表は，地図よりも多くの情報を，わかりやすく他者に伝え

ることができ，また，他者を意識して作ることによって，自分たちの理解を深めていく様子が見られたのである。

（6）キーワードを教えない安全マップの取り組み

　試みの2つ目は，「入りやすく見えにくい」という，安全マップの王道であるキーワードを教えずに，「直感」に基づいた安全マップの実践を行うことだった。

　「入りやすく見えにくい」というキーワードは，先述の小宮教授が，犯罪に関連する要素である「領域性」と「監視性」に基づいて考案したキーワードである。

　小宮は安全マップの実践においては，子どもたちにこのキーワードを覚えさせ，その言葉が表す場所を探して危険な場所を見つける視点を作っていくことを推奨してきた。

　たしかに，子どもたちに「危険な場所を探しましょう」と言っても，具体的にどのような場所を探せばよいのか理解できないだろう。たとえば，もしもこのままフィールドワークに出て「危険な場所」を探すことができたとすれば，それは"手すりのない溝"であったり，"ガードレールのない歩道"であったりすることが多くなるだろう。それは，自分たちの生活経験から「危険である」と実感の持てる「危険」を探すからである。その結果，交通安全や，防犯以外のところの生活安全の視点が混在し，効果的な防犯教育ではなくなるのである。したがって，フィールドワークに出る上で，「入りやすく見えにくい場所を探しましょう」と，キーワードとともに明確に提示することによって，子どもたちは防犯に関する目的を明確に持ってフィールドワークを行うことができるのである。

　このように，「入りやすく見えにくい」というキーワードはたしかに有効である。しかし一方で，先に調査結果を示したように，子どもたちにとってこのキーワードは，1年後に思い出すことが困難なのである。秀逸なキーワードではあるが，そのキーワードを覚えることだけを重視するような，本来の目的と

第Ⅱ部　これまでの学校安全と安全教育の実態

は違った安全マップの実践が繰り広げられると，有効な安全教育とはならない。

　そこで私は，キーワードに依らない安全マップの授業を試みた。その方法とは，「直感」を基盤として，そこからキーワードへという流れを作り，キーワードを後発的にしたのである。まず，フィールドワークに出る。そのとき，「危険な場所を探しましょう」でも，「入りやすく見えにくい場所を探しましょう」でもなく，私はこのように伝えた。

　「嫌な感じがする場所を探しましょう」

　そして，"何となく嫌な感じがする"と感じたところは，すぐに写真を撮ってくるように伝えて，子どもたちはフィールドワークに出た。フィールドワークから教室に帰ってきたとき，子どもたちはたくさんの写真を撮ってきていた。そして，それらの画像をプリントアウトし，写真を見ながらグループで話し合わせた。ここで何を話し合わせるのかが大切である。"なぜ，「嫌な感じ」がしたのかを，分析する"のである。たとえば，ある公園で嫌な感じがして，撮影したとする。その1枚の画像を前に，グループで話し合う中で，このような会話が起こる。

　"どうして嫌な感じがしたの？"

　"何となく，暗い感じがして"

　"そういえばそうだね。どうして暗い感じがするんだろう"

　"高い木が多いね"

　"それに，周りに家や建物がなく，寂しい感じがする"

　この会話はまさに，「領域性」と「監視性」の希薄さを子どもたちが実感したものであり，結果的に「入りやすく見えにくい」から「嫌な感じ」に結びついたのである。

　様々な画像をもとに，「嫌な感じ」の原因を分析させ，その言葉を列挙した。すると，ある班は発表の中でこのようなキーワードを作り，発表した。不審者が現れそうな場所のキーワードは，"し・か・く"であると。このキーワードは，読んだ通り"死角"をキーとしたものであるが，「し」は「しげみなどの死角」，「か」は「カーブなどの死角」，「く」は「暗いところは死角」という

意味なのである。私は、子どもたちの柔軟で的を射た発想に感心するとともに、体験的な学びから生み出されたキーワードは、子どもたちにとって防犯対策の一助になるだろうと感じたのである。

4 連れ去り事件と安全教育

（1）奈良県で発生した小6女児監禁事件

　2015年7月の土曜日の午後、奈良県香芝市のリサイクルショップに家族で買い物に来ていた同市立小学校の6年生女児が、「トイレに行く」と言って母親の元を離れたまま、行方がわからなくなった。

　警察は何らかの事件に巻き込まれたと、少女の行方を捜し、行方がわからなくなって1日半後、奈良県内の国道で運転中の犯人を警察が確保し、後部座席に乗っていた女児が無事に保護された。

　後の調べでわかったこととして、女児が連れ去られたトイレには、女児のサンダルが片方だけ残されており、連れ去られたと考えられる同時刻ごろに、叫び声らしきものを店員が聞いていたという。また、犯人は女児をトイレで待ち伏せし、女児の手足を結束バンドでしめ、かばんに押し込んで連れ去ったことなどがわかっている。

　この事件は、結果的に翌日には犯人は捕まり、女児は無事に保護されるというように、比較的早期に解決したと言えるだろう。もちろん、連れ去られ、監禁されていた女児や、その家族においては、早期という言葉では片づけることのできない、恐怖や不安、そしてその後の精神的苦痛があっただろう。しかし、最悪の事態は免れたと言えよう。そこで考えられるのは、過去に起き、凄惨な結末を迎えた事件のように、10年経って振り返られることもなく、早い段階で人々の口の端にさえ上らなくなるのではないだろうかということである。

　だがじつはこの事件には、私たち教育関係者をはじめとした大人が検証し、教訓にすべき、重要な視点がいくつかある。

（2）安全に対する誤った認識

　この事件が起きたとき，とくに教育関係者は一様に戸惑った。事件後に開かれた臨時校長会で，市の教育長が発した言葉が，如実にその戸惑いを表している。

　「今回の事案は土曜日の白昼，保護者と一緒にいた時に起き，想定していなかった」（読売新聞朝刊，2015年7月7日）

　この言葉には，2つの戸惑いと，そこから見える子どもの安全に対する認識不足が見える。

　「想定していなかった」という言葉は，"土曜日の白昼（に起き）"と，"保護者と一緒にいた時（に起き）"の2つの言葉に係っていると考えられる。このときの教育長の発言には，

　"学校がない土曜日の白昼に起きた出来事なのだから，学校教育の及ぶところではない（防ぎようがない）"

という思い（考え，認識）と，

　"保護者と一緒にいたときに起きたのであり，そこまでは学校教育で担うことはできない"

という思いが見えるのである。

　教育長が発したこの言葉に，理解を示すことはできる。教育長は女児が無事に保護されたとき，涙ながらに安堵したという。市の教育行政の長として，女児の安否を心底心配しての発言であろう。しかし，この言葉通りの認識で終わっていては，また同じ事件，事案を繰り返してしまうのである。

　そこで，この事件が発生した原因を，安全教育の視点から検証してみたい。

（3）事件が起きた3つの原因

　学校安全，中でも安全教育を視点としてこの事件の原因を考えたとき，まず一つめは，"犯人がいたこと"である。本件の犯人は26歳の無職の男であり，捜査上の供述によると，被害女児とは面識はなく，「女の子に興味を持った」という趣旨の供述をした。犯人はもともと，奈良県内のデイサービスセンター

で介護職員として働いていた。しかし，上司には「一生懸命やっているのにうまくいかない」「周囲に受け入れてもらえない」など話し，3か月で退社している。また検察の冒頭陳述では「被告は同年代の女性への苦手意識があり，年少者なら自分の話を聞いてくれるだろうと思っていた」など，自己肯定感や自尊感情の低い人物であったことが推測される。

　しかし，この一つの原因に執着しては，先に述べた"犯罪原因論"に終始し，結局，このような人間がいたから犯罪が起こったのだ，という，解決しようのない難題として片づけられてしまう。

　原因の2つめは，"トイレがそこにあった"ということである。事件の現場となったリサイクルショップは，2車線の細い道路を挟んで北館と南館に分かれている。事件後，私は現場を見に行ったのだが，北館は駐車場も広く多くの車が停まっており，北館に出入りする人も多かった。一方で南館は，道路を挟んだ反対側に位置し，その道に歩道も信号機もなく，警備員がタイミングを見計らって通行者を渡らせるという形式である。南館は人の出入りも少なく，駐車場も北館の5分の1ほどの広さであり，私が見に行ったときには車は1台も停まっていなかった。

　そして，トイレはそこにあった。トイレは，南館の駐車場のその奥にあり，典型的な人目に付きにくい場所にある。結果的に犯人は，人気のない南館の駐車場に車を停め，トイレで少女を待ち伏せたのである。

　この原因を解決するには，トイレの位置を変えるか，防犯カメラを設置するなどして，犯罪抑止力を高めるほかないが，それは店や行政の範疇であり，教育の出る幕ではない。事件後，市は防犯カメラの設置に取り組んでおり，一定の効果を期待したい。

　そして3つめの原因は，"女児がそのトイレに行ったこと"である。この3つ目の原因について，安全教育と関連させて考える必要がある。

（4）女児はなぜ，そのトイレに行ったのか

　女児は母親に，「トイレに行く」と言って被害に遭っている。トイレに行か

せてしまった母親は，ずいぶん後悔したことだろう。しかし，小学校6年ともなれば，トイレには一人で行くだろうし，この現場のトイレで過去に事件があったわけでもない。まさに「想定外」であり，この母親は自責するだけで十分であろう。この事件にかんして私たちが考えなければならないのは，女児がそのトイレに行ってしまった要因としての母親の監督責任やトイレの場所，女児の不用心ではなく，"女児をトイレに行かせてしまった学校教育の在り方"なのである。なぜならこの事件は，「犯罪者をなくす」ことや「防犯カメラを設置する」などの長期的な方法には頼ることができなかった。したがって，被害女児の危険予知・回避力以外に事件を防ぐ方法はなかったのである。そして，被害女児の危険予知・回避力を育てるには，学校教育が担う役割が大きい。

　家族で買い物をしていてトイレに行きたくなった。母親に一言告げ，一人でトイレに向かった。トイレは店の奥まったところにあり，人通りはなく，トイレの前には1台だけ車が停まっている。そこで，「何となく嫌な感じ」（危険予知）がして，引き返す（危険回避）ことができる力は学校における安全教育で培っていくことができる力なのである。

　奈良県では，2004年に小1女児殺害事件（楓ちゃん事件）が発生した。その事件を受け，奈良県は2005年，全国に先駆けて「子どもを犯罪の被害から守る条例」を制定した。この条例は14条から成り，県や県民，事業者にも子どもの安全を守ることへの協力を呼びかけるものとなっている。香芝市の小6女児監禁事件後，奈良県警からは条例の周知を図りたい旨のコメントが出されたが，条例が浸透しても子どもを守ることはできない。"いかのおすし"を覚えたところで安全と結びつくわけではないのと同じ理屈である。

　また，事件後に香芝市の教育長は，「今後もこれまで以上にボランティアの方などに，見守り活動をお願いしたい」（産経新聞大阪版朝刊，2015年7月6日）というコメントを出した。だが善意でボランティアを行っている見守り隊に，子どもの安全を守り切る責任を背負わせるわけにはいかないはずである。

　学校教育が考え，実践しなければならないのは，子どもたちがいかなる場所でも，土曜日だろうと，夜間だろうと，自分の身を守ることができる判断力と

行動力を育成することである。そして，自他のいのちの大切さを少しずつ醸成し，強く，優しく，たくましく生きる力を育成していくことが，学校教育が考えるべきことなのではないだろうか。

　次章においては，私がこれまでに考案し，実践してきた"いのちの安全教育"の実践事例のいくつかを紹介したい。

第Ⅲ部
これからの学校安全と安全教育にむけて

3部で構成する本書の最終部は,「これからの学校安全と安全教育にむけて」と題し,2章で構成している。第6章においては,「いのちの教育と子どもたち」と題し,これまで私が大阪教育大学附属池田小学校で実践してきた安全教育内容の,一部ではあるが紹介したい。

　ここでは,子どもたちの声や学びの様子を記載するとともに,授業の流れの詳細についても記載し,学校教育の現場にも活かされることを願っている。

　しかしここで確認しておきたいのは安全教育という概念である。私がこの後示す安全教育とは,これまで学校教育の中で画一的に行われてきた避難訓練や,警察に協力依頼をして行う交通安全教室などのような「安全指導」とは一線を画す,「いのちの教育」であるということである。

　本書の内容に一貫して共通するキーワードは,「教訓」である。なぜ安全教育というものが存在するのか。それは,言うまでもなく「危険」があるからであり,その危険からいのちを守るために安全教育は存在する。では,なぜそれが「危険」であると私たちは認識するのか。それは,過去において,事件や事故,災害の被害に遭った人々がいて,その犠牲になった「いのち」が私たちに,それが「危険」なのだと「教訓」として示し,遺してきてくれたからなのである。安全教育とは,これらの「教訓」を礎として存在するものであるということを,私たちは認識しておかなければならない。その意味において,第6章で紹介する安全教育は,「いのちの教育」なのである。

　第7章では,「本当の「安全・安心」に欠かせないもの」として,いじめの問題に言及する。これまで学校安全について述べてきたが,子どもたちの日常的な安全・安心のために必要なのは,笑顔で通うことができる学校のはずである。笑顔で通うことができる学校づくりが,もっとも大切で基本的な学校安全への取り組みであるという視点に立ったとき,いじめの問題を学校安全の枠組みの中で欠かすことはできない。

　そこで第7章では,私が実践した安全教育としてのいじめに関する実践である,「Smile School」の取り組みを中心にして述べていきたい。

第6章

いのちの教育と子どもたち

1 「いのちのバイスタンダー」(生命尊重)の授業
【小学校高学年対象】

(1) 授業づくりの背景──AEDを題材として

「いのちのバイスタンダー(1)」の授業は,傷病者のいのちを救うためのある機器が核となる授業である。その機器とは,AED(Automated External Defibrillator 自動体外式除細動器)である。現在では公共施設などで,意識すれば必ずと言っていいほど目にすることができる。だが私が最初に「いのちのバイスタンダー」の授業を実践したのは2006年であり,AEDが一般市民にも使用できるように厚生労働省から通知が出されたのは2004年のことだったので,まださほど一般には普及していないころだった。

その前年,2005年に同僚教師がAEDを使用した授業「いのちをつなぐ機器 AED」を実践し,翌年,私がその授業を発展させる形で「いのちのバイスタ

---

(1) 授業タイトルにある「バイスタンダー」とは,By Stander と記す。この言葉を辞書に基づいて直訳すると,「傍観者,見物人」となる(『ジーニアス英和辞典 第3版』)。いわゆる「やじうま」のことである。しかし,1990年代,アメリカ心臓学会(the American Heart Association)が中心となって規定したガイドライン(病院外心停止事例の記録を統一するための推奨ガイドライン:ウツタイン様式)では,「心停止を目撃したものがバイスタンダーとなる」と定義された。ここから,バイスタンダーとは,「やじうま」なのではなく,傷病者の「そばにいる人」であり,そのいのちを救うために何かしよう,という機運が広まった。本実践では,「いのちのそばにいる人」という意味付けでバイスタンダーという授業タイトルをつけた。

ンダー」の授業は生まれた。同僚教師が開発した「いのちをつなぐ機器AED」の実践を参考にしつつ,私は2つの点について大きく授業を変容させた。

　まず一つは,同僚は授業の中で,子どもたちには実際にAEDに触れさせることはなかった。授業で使用したAEDはトレーニング用のAEDトレーナーであり,実際には電気ショックを与えることはできないものである。アナウンスを聞きながら,マネキンに対してAEDを装着し,ショックボタンを押すところまでをトレーニングするものである。

　なぜ同僚は,児童にAEDを体験させなかったのか。理由は,細やかに児童の心情を考える同僚らしいと感心させられるものだった。AEDの特性として,アナウンスを聞きながら落ち着いて行動すれば,だれにでも傷病者に電気ショックを施すことができる点がある。言い換えると,子どもでも容易に扱うことができる。しかし,同僚が言ったのは,「子どもたちにAEDの使い方を教えたとき,近い将来,傷病者が倒れている場面に出会ったとする。AEDを使用して,もしうまくいかず,目の前でその傷病者がいのちを失ったとしたら,その重責を子どもたちは受け止めることができるだろうか」というものだった。

　今でこそAEDは一般に普及し,誰にでも容易に使うことができる機器であるという認識は広まっているが,当時はまだ一般への普及はそれほどでもなく,ましてや子どもが使用するという認識はなかった。同僚教師が授業でAEDを教材とした目的は,AEDが人命を救った例を挙げ,「いのちをつなぐ」ことの大切さを実感させることにあった。

　私はこの同僚の言葉と,子どもを見る目線に感心すると同時に,私の中での授業の目的が明らかになってきた。私が考える授業は,AEDの普及や,知識としてのAEDを教えることではなく,"AEDを題材として,「いのちの大切さを実感させる」こと"だった。私の中では,AEDのみならず,AEDを含む一次救命処置（BLS：Basic Life Support）を授業で取り入れることを想定していた。しかし,本当にそこまでやってもいいのかという迷いも拭いきれていなかった。その私の迷いを断ち切ってくれたのは,医療関係者と教育者,2人

第6章　いのちの教育と子どもたち

の人物だった。

（2）専門家からのアドバイス

　授業の中で実際にAEDを使用することに対して，幾ばくかの不安を抱えていた私は，さらに専門家の考えを聞きたいと思い，方々にメールを送った。その中で返事をもらうことができ，実際に話を聞くことができたのは2人の専門家だった。

　まず一人は，慶應義塾高等学校のS先生である。当時，学校教育で行われている一次救命処置について調べていたところ，慶應義塾の一貫校がBLS教育を取り入れていることを知った。慶應義塾一貫教育校では2002年からBLSシステムが創設された。これは，幼稚舎（小学校）・中学校・高等学校のいずれかにひとたび入学すると，大学まではほぼ全員が進学するシステムをとる慶應義塾の一貫教育校8校で，一斉に取り組むプロジェクトとして位置づけられており，全員がBLS教育プログラムを受けることになっている。このプログラムが慶應義塾で始められたきっかけは，1998年に起きた，慶應義塾志木高等学校におけるマラソン大会中におきた，生徒の心肺停止からの死亡事故である。この生徒の死を教訓に，志木校でBLS教育が始められ，一貫校全体の取り組みへと発展した経緯がある（参考：「慶應義塾BLS CPR in Schools 講演集」慶應義塾BLS委員会）。

　私はメールにて，慶應義塾のBLS委員会の先生と連絡をとり，授業の趣旨や考えていることについて相談したい旨を伝えたところ，快く受け入れて下さり，私は慶應義塾高等学校を訪れた。そこでは，高等学校のS先生から，BLS教育が始められた経緯をあらためてお聞きすることができたと同時に，BLS教育による成果は，一次救命処置を履修したという事実のみならず，自尊感情の高まりなど，そのことが及ぼす教育的効果についてもお話を伺うことができた。そして，具体的にどのような器具を使い，どのくらいの時間をかけて行うのかなど，具体的な実践方法についても知ることができた。

　もう一人は，大阪府済生会千里病院・千里救命救急センターのK先生であ

る。私は医学的見地からも示唆を得たいと思い，医療関係の方々に連絡をとってみたが，なかなか思うようには返事がもらえなかった中で，千里救命救急センターの当時のセンター長であるK先生が，お話を伺う機会を作って下さった。病院を訪れ，K先生にお会いし，取り組みたい授業の指導案を見せ，お話を伺った。K先生のBLS教育への考え方は明快だった。私に「BLS教育を，ぜひ小学校という場で実践してほしい」と言われた。そしてこう続けられた。

「日本はその点で遅れていると思います。北欧はフィヨルドという地形の特徴から，水難事故が多く発生しています。だから，幼児期からBLS教育を行っている。日本でも小学校段階から行うべきです。BLS教育はいのちの教育であり，人を助けることが目的ではない。人のいのちを助けるために，何かをしようとする心情が大切なのです」

私はこのK先生の言葉で，すべての迷いがふっきれた。

(3) 授業づくりの視点

本実践は，一次救命処置（BLS：Basic Life Support）に関する体験学習を通して技能を身につけ，知識理解を深めることによって，豊かな人間的感性といのちに対するリアルな認識を身につけていくことをねらいとしているものである。いのちを大切にしなければならないということは，誰しもわかっていることである。しかし，いのちというものには実態がないだけに，実感を持つことは難しい。子どもたちにとっては尚更である。いのちに対する畏れ，自分にも人のいのちを救うことができるのだという自信と勇気，スキル学習から実感として身につくであろういのちの大切さの実感，そしてバイスタンダーとしての自覚などをもたらす救急蘇生法の学習は，児童が，市民が互いにいのちを慈しみ合う，安心で安全で，温かな社会の醸成につながる可能性を大いに秘めた学習である。

本実践を始めるにあたって，当該学年児童を対象にアンケート調査を行った。質問項目は，突然目の前で人が倒れた場面を提示し，それに対して①助ける・助けることができない②どのようにして助けるか・なぜ助けることができない

第6章　いのちの教育と子どもたち

表6-1　大阪教育大学附属池田小学校5年生120人を対象にした「いのちのバイスタンダー」事前調査（2008）

	助ける	助けることができない	どちらともいえない
E組	36人	4人	0人
W組	37人	3人	0人
S組	35人	2人	3人
計	108人	9人	3人

表6-2　大阪教育大学附属池田小学校5年生120名を対象にした「いのちのバイスタンダー」事前調査（2008）

助ける方法	回答数
助けを呼ぶ。	88
119番通報をする。	55
「大丈夫ですか？」などと声をかけたり話しかけたりする。	27
AEDを使用する。	8
安全な場所に動かしたり安全な体位を取らせる。	6
心臓マッサージをする。	3
人工呼吸をする。	2
助けることができない理由	回答数
自分には何もできないから。	3
よけいに悪化させてしまうかもしれないから。	3
パニックになってしまうから。	3

と感じたか，という項目である。子どもは純粋であるがゆえに，目の前で人が倒れたときに「何もできない自分」や，そのときの恐怖感や不安感を想定する以前に，「助けるべきだ」という考えが先にくるという仮説のもと行った。

　結果は以下の通りである。

　アンケートの結果，90％の児童が，目の前の傷病者を「助ける」と答え，その方法としてもっとも多かったのが「助けを呼ぶ」というものだった。注目すべきは，「AEDを使用する」や，「人工呼吸を行う」「心臓マッサージをする」と答えた児童がいたことである。児童は講習を受けたわけでもなく，それらの

言葉を知っているに過ぎない。それでも，「できるのではないか」と考える無知からくる実態がある。また，「自分には何もできない」と答えた児童の思いは，消極的な思いというよりも，「何かしたいができないに違いない」という歯痒さや子どもなりの自己認識の表れであるといえる。子どもたちの，このような前向きで純粋にいのちにかかわろうとする思いは大切にしなければならない。それと同時に，本実践では，「本当に自分にできるのか」「何ができるのか」と自分自身を見つめさせることによって，いのちの大切さの実感へと結びつかせるというねらいがあった。

　実際にいのちの現場で，児童は BLS をすることができるだろうか。そのためには，いのちを実際に左右することの意味の大きさへの認識や勇気，その勇気を凌駕する知識と体験，使命感が必要となってくる。子どもたちにそこまで期待することが教育として必要であろうかという議論が残る。しかし大切なのは，いのちを救う方法が存在し，AED が様々な場所に設置されているということや，あるいは一般の人々がだれでも行うことができることを知るということである。そして，実際に活動し，その緊迫感を体感することは，いのちの尊さを実感しようとする感性を育むのに有効であると考える。その中で，もしもいのちの現場に遭遇したとき，自分たちには何ができるだろうと考えることによって，隣にいる人のいのちを尊く感じる実感へと結びつけることができると考えた。本実践の目標は，もしも傷病者が自分の目の前にいたとき，「何かできるだろう」と思う自分から，「何もできないけど，自分にできることをさがして行動したい」と思える自分に変容させることである。怖いと思う自分。何もできない無力な自分。でも，できる限りのことはしたいと考える自分。そのような自己認識を持つことが，いのちの大切さの実感へと結びつくのだと考えた。

（4）授業の展開

　授業は全8時間で設定した。そしてその全体を，第1次から第3次までの大きな3つの流れに分けた。

第1次は,「一次救命処置(BLS)について知る」という内容であり,2時間(小学校の授業時間としての1時間は45分間)の設定で行った。ここでは,様々なデータや体験談から,現実に起こっている状況(心肺停止状態)について考えるという内容の授業を行った。救命曲線⁽²⁾のデータを使用することによって,実際の生命の危うさに気づかせ,その生命を救う可能性を感じさせることを目標とする授業だった。また,この学年は前年度に,先に述べた同僚教師が行った「いのちをつなぐ機器 AED」の授業を受けていたので,そのときに学んだAEDは,BLSの全体の中の一つであるという認識を持たせるようにした。

第2次は,「一次救命処置(BLS)について学び,体験する」として,3時間の時間設定で行った。実際に,大人の普通救命講習は3時間で行われる。授業では実際にマネキンとAEDトレーナーを使い,徹底してBLSスキルの習得に励んだ。子どもたちはその柔軟性から瞬く間に習得し,大人顔負けの,いや,それ以上とも言えるBLSスキルを身につけた。それと同時に,「人のいのちを救うことができる技能を身につけた自分」に自信を持ち,自己有能感が高まっている様子が窺えた。しかし,先にも述べたように,この実践の大切な目的は,BLS技能を身につけて,人のいのちを救うことができる子どもを育てることなのではなく,「いのちの大切さ」を実感することなのであり,それは,「いのちの重さ」「いのちへの畏れ」を実感することなのである。したがって,自己有能感が高まるだけで終わるべき取り組みではないのである。

そこで第3次に,「バイスタンダーとしての役割を考える」として,実際にAEDを使った身近な人の話を聞くことによって,いのちの現場に遭遇したとき,自分だったらどうするのかを,実感を持って考える授業を行う予定をした。

しかし,第3次に入ろうかとするころ,授業に取り組んでいた私が担任するクラスの保護者が,ある重要な情報を提供してくれた。そしてそのことが,こ

---

(2) 救命曲線には,呼吸停止からの時間と蘇生率を曲線グラフで表した「ドリンカーの救命曲線」と,心臓停止,呼吸停止,大量出血の経過時間と死亡率をグラフで表した「カーラーの救命曲線」があるが,授業では児童にとって簡易でわかりやすい「ドリンカーの救命曲線」を使用した。

の授業の第3次の流れを大きく変え，本実践の価値をより高めたのである．

(5) 保護者の協力

　授業も佳境に入り，子どもたちもBLSの技能習得に喜びや楽しみ，やりがいを感じ，喜々として取り組んでいるころだった．当該学級の男子児童の保護者（母親）から，連絡をもらった．その内容の概略は，以下のようになる．

　その母親が息子（男子児童）の柔道の試合会場で，試合を応援席から観戦していたとき，ふと隣の試合場内に目をやると，突然前のめりに選手（成人男性）が倒れたのを見た．倒れ方が普通ではなかったらしく，明らかに何らかの異変が生じたことを悟ったのだという．しかし，母親はしばらく躊躇して動けなかった．看護師をしていることも手伝い，奮い立って傷病者のもとに駆け付けた．同時に駆け付けたもう一人の男性と協力し合い，AEDを使用して心肺停止状態の傷病者を救ったのである．この男性は社会復帰まで果たすことができ，救命した母親と男性は，市から表彰され，新聞にも掲載された．

　この母親が私に連絡をくれたのは，そのときまさにAEDを教材としたBLS教育に取り組んでいることを息子から聞いたからだという．そして，AEDを使用して人命を救助した例を紹介するつもりで連絡をくれたのではなく，その真意は，まだその先にあった．

　母親が言うには，自分が救命に使用したAEDにはボイスレコーダーが装備されていて，そのときの音声が記録されている．ボイスレコーダーには，当時の救命にあたる人々の声がすべて記録されている．そのことを思い出して連絡をくれたのだ．

　その年の「いのちのバイスタンダー」の授業は，毎年2月に行われる研究会の公開授業として準備してきたものだった．指導計画の第3次「バイスタンダーとしての役割を考える」の2時間目，「こんなとき，自分だったらどうする？」の場面を公開授業として予定していた．そこでは，実際に救命活動をした救命士の話を聞かせるなど，"いのちの現場"の教材を子どもたちに提示する予定で準備していたが，私はすぐに，このボイスレコーダーによる教材の方

第6章　いのちの教育と子どもたち

が，より効果的で力のあるものになると確信した。私はすぐに，この母親のくれた情報に飛びついた。

（6）消防署の理解・協力からできた教材

　私はすぐに，そのAEDが保管されている消防署に行き，「いのちのバイスタンダー」の指導案を見せ，そのボイスレコーダーの音声を教材として提供してもらえないかと打診した。しかし，断られた。理由は，傷病者のプライバシーにかかわることだから，ということだった。AEDのボイスレコーダーには，救命にあたる人々の緊迫感ある声や言葉はもちろんのこと，傷病者が時折発する「うめき」のようなものも記録されている。消防署が傷病者のプライバシーを守ろうとするのは，これまでに幾多もの，凄惨ないのちの現場と向き合ってきた者たちにとっては当然のことと思う。

　しかし私の中では，だからこそ子どもたちにとってのかけがえのない教育活動に協力してほしいのだという思いが強かった。消防署には，合計で4回通った。その結果，私がやろうとしている教育内容に理解を示してくださった。そして消防署長は私にこのように言われた。

　「AEDのボイスレコーダーの音声データは，このパソコンの中に入っています。データを取り出すことも，保存することも許されていません。ですが，このパソコンのスピーカーにICレコーダーを近づけて録音される様子は，見て見ないふりをします」

　精一杯の協力だったのだろう。私はICレコーダーにその音声を録音させていただいた。そのとき，AEDに残されたボイスレコーダーの音声をはじめて聞いたのだが，まさにいのちの現場の緊迫感に包まれたものだった。そしてさらには，私の授業を応援してくれるようになった消防署長が，そのAEDに残された心電図のコピーも私に提供してくださった。

　私は学校に戻り，心電図とボイスレコーダーの音声を合わせたムービーの作成に取りかかった。公開授業の前日だった。

（7）いのちの大切さの実感

　公開授業には多くの参会者が訪れ，100人以上の方が「いのちのバイスタンダー」の授業を観に来てくださった。授業の冒頭，私は子どもたちに問いを投げかけた。

　「もし目の前に傷病者がいたら，どうしますか？」

　そして，"助ける（BLSを実践）""少しこわい（何か手助けをする）""助けることができない"の3つから選択させ，ネームプレートをホワイトボードに貼らせた。結果は，40人中39人が"助ける（BLSを実践）"と回答し，1人だけが"少しこわい（何か手助けをする）"と回答した（図6-1）。

　この結果は，子どもたちのBLSに対する自信と，いのちを救うことができるという自尊感情の表れだった。実際に，この後の，グループでBLS技能をチェックしあう活動では，集まった100人の大人たちに，その習熟した技能を自信たっぷりに見せる様子が窺えた。だが，少し調子に乗り，AEDトレーナーを足で扱ったり，マネキンを乱暴に扱うなど，およそいのちの学習と言うにはほど遠く感じられる場面もあった。

　いつもなら，そのような様子を見たら注意したことだろう。だがこのときは違っていた。これまでの学習過程の中で，子どもたちは私が「いのち」という言葉は一度も出していないにもかかわらず，「いのち」という言葉を口にするようになっていた。子どもたちにとって，「いのちのバイスタンダー」の授業は「いのちの学習」になっていることを，私は実感していた。だからこそ，今は少し調子に乗っているが，この子たちはいのちと向き合って学んでいる，もうすぐ戻ってくる，と確信できたのである。

　そして技能チェックを終了し，私は全員を前まで来させて座らせた。そして，「今からいのちの現場を見せます」と言って，AEDのボイスレコーダーと心電図から作ったムービーを見せた。

　「固唾を飲む」とはこのことを言うのだと感じた。それほど，息遣いも聞こえないほどの静寂の中，緊迫感溢れるビデオを視聴した。ビデオのエンディングで，「この男性は，無事，社会復帰を果たしています。」というテロップが流

第6章　いのちの教育と子どもたち

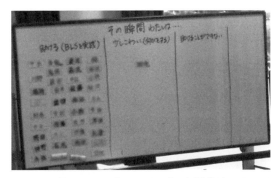

図6-1　「いのちのバイスタンダー」授業時のホワイトボード（授業の冒頭）（2008）

れ，ビデオが終わった後も，子どもたちは身動きできなかった。

　ここで感想を聞く方法もあるが，私はあえて，子どもたちに何も言わせず，すぐに円形になるように指示した。子どもたちは，まだいのちの現場の緊迫感の衝撃から抜けきらず，まるで，まだ夢の中にでもいるかのようにふらふらと円形になった。そこで私は，子どもたちの輪の中心に，おもむろにマネキンを置いた。そして，そのマネキンを指差し，「あっ，誰か倒れている！」と声を発した。一瞬子どもたちは，ビクッと体を震わせた。そして，誰も動くことができずにいた。子どもたちは，私が何を求めているのか，自分が今，何を期待されているのかわかっていただろう。今，「その一歩」を踏み出したい，でも，踏み出せない自分と葛藤している様子が手に取るように伝わってきた。私は何度も声を発した。「あっ，誰か倒れている！」

　1分半の間，だれも動くことができない，長く長く感じる時間が過ぎた。参会者の方々の息遣いさえも聞こえないほどだった。私は待ち続けた。そのとき，一人の男子児童が立ちあがった。そして，周りを見渡し，「周囲の状況よし！」と叫び，マネキンに駆け寄ったのである。そして，「すみません！誰か来てください！」と叫んだ。すると，すぐに3人の子どもたちが駆け寄った。そのとき，駆け寄った子の顔には，わずかながら笑みがあった。その笑みは，はにかみなどではなく，「自分にできること」を見つけた喜びだった。

125

第Ⅲ部　これからの学校安全と安全教育にむけて

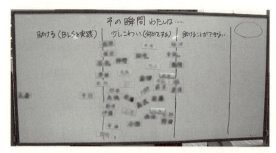

図6-2　「いのちのバイスタンダー」授業時のホワイトボード（授業の終わり）(2008)

　周りの子どもたちはどうだったか。彼らはまぎれもなく、「その現場」に居合わせた「バイスタンダー」（そばにいる人）だった。そして、何もできなかった、その一歩を踏み出せなかった自分自身と葛藤していただろう。私はそこで、子どもたちにワークシートを渡し、「いま語りたいことを、率直に書くように」と促した。子どもたちは何も言わず、無心にワークシートに向かった。「その一歩」という言葉の後に、言葉を入れさせた。子どもたちは、このように記述していた。
　"その一歩を踏み出すには勇気がいる" "その一歩がこわかった"
　そして、私はもう一度問いかけた。
　「もし目の前に傷病者がいたら、どうしますか？」
　結果は図6-2のようになった。子どもたちは、消極的になったのではなく、人のいのちを助けることの勇気の必要性を実感し、己の無力を実感し、そして、自分には何ができるのかを、実感を持って考えることができるようになったのである。
　いのちは大切だと口で言うのは容易い。しかし、いのちの重さへの畏れを感じ、怖くなり、そして自分ができることを精一杯考えることこそが、いのちの大切さの実感なのではないだろうか。

2 「溺れかけた兄妹」（水難災害）の授業【小学校中学年対象】

（1）授業づくりの背景——道徳と安全教育のちがい

　ある日，同僚の道徳担当の教諭が，私にこんなことを言った。
　「松井先生の安全の授業って，道徳と似ているところがある。授業を見ていてこの記事を思い出したから，見てみて」
　そう言って渡してくれた冊子に，以下のような実践例が紹介されていた。
　それは，広島県のある中学校で，有島武郎の「溺れかけた兄妹」を題材にして取り組んだ道徳の授業実践の紹介だった。
　「溺れかけた兄妹」のあらすじを簡単に紹介する。
　主人公の少年（有島武郎）とその妹，そして友人Aの3人が，祖母が止めたにもかかわらず，夏の終わりの海に出かけた。夏の終わりの海は荒れていて，潮の流れも速かった。しかし3人は，まぁ大丈夫だろうと，海で遊ぶうちに，沖へと流されてしまう。パニックになった3人は，必死になって浜に向かって泳ぐが，泳ぎの苦手な主人公の妹は，どんどん沖に流されていく。それを見ながらも主人公は，自分自身のいのちを守ることを優先し，妹を見捨てようとしてしまう。その葛藤が描かれた作品である。
　その中学校の道徳の実践では，授業者が生徒に，主人公は妹を「助けるべきだった・助けるべきではない」という選択をさせている。この点ではたしかに，私が考える「いのちの教育としての安全教育」に似ている。しかしここからが違った。学習指導要領の道徳の目標の中に，小学校においても中学校においても，「道徳的な心情，…（中略）…を養う」という文言がある。この中学校の実践は，まさにその目標に準じた授業設計がされていた。したがって，最初は「助ける」「助けない」と分かれていた生徒が議論を繰り返すうちに，最終的には生徒全員が，「助けるべきだった」という意見になったと結ばれている。
　この実践例を読み，私は大変興味を持った。道徳と安全教育の目標，もしくは授業の落ち着く先とでも言おうか。その相似性と相違性に関心を持ったので

ある。安全教育の観点で言えば，全員が助けるべきだったと言うのはおかしな話である。この主人公がもし妹を助けようとしていたら，二次災害に遭い，自分自身のいのちを失っていたかも知れない。自分のいのち，妹のいのち，どちらもかけがえのない，大切ないのちである。だがここに答えを出すべきではない。二次災害が危険だから助けに行ってはいけないという教えは，学校教育で強制する教えではなく，いのちと向き合うのは，あくまでも自分自身なのである。場面と出遭い，葛藤し，そこで，「自分がすべきこと」について，そのときもっとも適切な判断ができる力こそ，安全教育でつけたい力なのである。

　私は，この「溺れかけた兄妹」を教材にして安全教育の授業に取り組んだ。

（2）授業づくりの視点

　この原稿を書いている日のニュースで，九州の河川で子どもが溺れ，死亡したことを知った。夏になると，連日のようにこのような記事が紙面に出てやりきれなさを感じる。

　交通事故と同様に，水難災害においても，一人ひとりに，「今，目の前にある危険」という意識はない。また，「まさか自分には」という意識も働く。しかし，現に夏場の水難事故は絶えることはなく，いつ何時，子どもたちの目の前に現れるかわからない危険であり，水難災害の学習は，緊急かつ重要なテーマだと言える。

　しかしながら，道徳的な倫理観と安全な行動は，相反するときがある。そこには，人を助けようとする正義感や人を助けるべきだという倫理観と，自身の身を守ろうとする安全に対する意識との葛藤がある。

　本実践で取り上げる水難災害においても，行為別水死者数のデータ（「全国の水難事故の発生状況」）では，その死因の一つに「水難救助活動中」があり，たとえば2007年には12人が水難救助活動中に命を落としている。そのような場面で生じる葛藤は否定されるべきものではないだろう。ことに家族や大切な人

（3）　資料提供：河川環境管理財団　http://www.thr.mlit.go.jp/sendai/kasen_kaigan/river-attention/pdf/01.pdf（2017年1月24日閲覧）

を守ろうとするとき,「助けたい」という気持ちが打ち克つことが多いだろう。また,その気持ちを行動に移すときにも大きな葛藤が生まれる。その葛藤の中に,危険予知・回避能力がどれほど含まれているかによって,行動に違いが出てくる。人のいのちを守りたい,助けたい,そして,自らのいのちを守るという大切な気持ちを持ち,適切な行動をとる判断をすることができる能力を,安全教育の中で育むことが大切である。

（3）意志決定の行動を体験する

「溺れかけた兄妹」の読み聞かせをしたあと,導入段階で,水遊び中のヒヤリとした体験を何人かに挙げさせた。自分自身の体験と,後に考える「溺れかけた兄妹」の主人公の行動を重ね合わせながら思考・判断できるようにするというねらいである。これは,予想していたよりも多くの体験が挙げられた。中には,川で溺れかけてお父さんが助けてくれた,という体験を発表した児童もいた。

そして,「溺れかけた兄妹」の話を思い出させた後,子どもたちに選択を迫った。黒板に,「助けるべきだった」「助けなくてよかった」と板書し,どちらも下に空白を設けた。

「今の時点で,自分ではどちらの考えを持ちますか。どちらかを選択して前の黒板にネームプレートを貼りに来なさい」

自ら決断し,ネームプレートを持って貼りに来るという行動は,明確に意思表示をするために有効だと考えた。また,授業の後の展開で,このネームプレートを使おうという考えもあった。

この時点では子どもたちは,自分自身のこれまでの数少ない体験と,正義感や倫理観にもとづいて,そして,「この方がいいだろう」と常識的に,あるいは中には,「先生はこう言いたいのだろう」と読みを働かせて判断している。

このときのネームプレートの位置は図6-3のようになった。

その後,なぜそこにネームプレートを貼ったかという理由を書かせ,発表させた。○は「助けるべきだった」という考えを持った児童の意見であり,●は

第Ⅲ部 これからの学校安全と安全教育にむけて

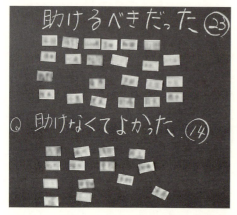

図6-3 「溺れかけた兄妹」授業時（授業の冒頭）の黒板（2012）

「助けなくてよかった」という考えを持った児童の意見である。この時点ですでに、二次災害のことを考えて発表した児童がいた。

そして次に、「行為別死傷者数」のグラフを提示した。グラフを読み取る活動をする中で、水難事故の実際にかんする知識を持ち、そこから「恐れ」を感じてほしいというねらいである。そして中でも、行為別死傷者数の「その他」の項に注目させた。「その他」の多くは二次災害であり、助けに行こうとして水死した数が多く含まれる。ここに注目させることにより、「溺れかけた兄妹」の主人公の行動について、再度判断させるねらいがあった。倫理観、正義感のみで判断していたものに、二次災害の実態にかんする知識と、リスクに対する恐れが合わさり、総合的に判断しなければならない。

「最初に貼ったネームプレートの位置を動かしたい人は、前に来て動かしてもいいよ」

私がそう言った瞬間、教室の方々からつぶやき、ささやき、また、うめきともとれる声が漏れ聞こえた。

「えー、どうしよう」「迷う」「どうしたらいいんだろう」

その声を上げた多くの児童は、最初に「助ける」のところにネームプレートを貼った児童だった。その声には、

第6章　いのちの教育と子どもたち

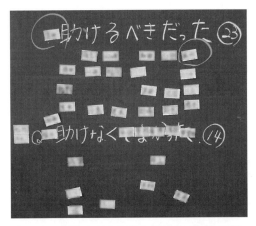

図6-4　「溺れかけた兄妹」授業時（授業の終わり）の黒板（2012）

「助けたい。でも，自分がいのちを落とすかも知れない。でも，助けないなんて言いたくない」
という葛藤が見え隠れする。この葛藤場面が大切なのだ。葛藤し，判断を下す過程で，自分自身の「リスク」に対する姿勢，意識と直に向き合っているのである。この場面，この瞬間がなければ，「いのちの安全教育」は意味を為さない。

しばらくの間，誰一人として前に出てくる児童はいなかった。それぞれが，リスクと感情の間で揺れ動いている。

そして，1人，2人と子どもたちが席を立ち，動き始めた。そして黒板のネームプレートは，図6-4のようになった。

ここで注目すべきは，境界線上にネームプレートを動かした児童が数名いたことである。なぜかと問うと，「わからない。その場で判断しないと」と言った。このときすでに，子どもたちは主人公の心情を超えて，実際に自分たちが行動することを想定して判断している。そして，この問いに対する答えはない。しかし「どっちが正しいの？」と聞く者は最後まで誰一人としてなかった。自分自身の判断がときとして変わり，そのとき，その場での判断が要求されると

実感しているからである。

　この授業で大切なことは，助けるべきか，それとも自分の身を守るべきか，ということに対する正解を模索することではなく，その場，その状況において，自分ならどうするのか，ということに対して想像を巡らせ，周囲の意見を聞き，意思を決定していく「体験」なのである。有効な安全教育のもっとも大切な点は，"体験すること" である。だれでも交通事故に遭えば，その怖さを実感し，学ぶことができる。しかし，実体験することができないのが安全教育のもっとも難しいところでもある。そこで，実体験に近い体験，あるいはその想像を膨らませることができる教材を提示することが，有効な安全教育のための肝である。妹を助けたいという倫理観と，それでは自らのいのちを失うかもしれない，という安全への感性を闘わせて葛藤し，ネームプレートを置くという意思決定の行動が，大切な「体験」となり，安全な行動や考え方への蓄積となるのである。

3　「阪神・淡路大震災の教訓から」（地震災害）の授業
【小学校高学年対象】

（1）授業づくりの背景——1枚の写真

　私がT市立小学校の教諭をしていた2005年。1995年生まれの4年生を担任したことがあった。1995年は，阪神・淡路大震災が起きた年である。その年は震災から10年ということもあり，学習発表会では，阪神・淡路大震災に関する学習を行い，それを劇にして発表することにした。その取り組みの過程で，一人の児童が資料として報道写真集を持参し，教室の後ろに置いていた。それは，『震災後1年』[4]というタイトルで，新聞社が刊行した報道写真集だった。

　私はある日，何気なくその写真集のページをめくっていた。そして，目に焼き付いて離れない，1枚の写真に出会った。その写真は，まさに「焼け野原」

（4）　朝日新聞社編『大震災一年——報道写真全記録』朝日新聞社，1996年。

第6章　いのちの教育と子どもたち

の街を背景に，瓦礫の中に黒いフードを頭からすっぽりとかぶった女性が佇む写真だった。その女性はある一点を見つめ，手には，その焼け野原と瓦礫の街には不似合いな，赤い花束を持っている。背景にはショベルカーがあり，そのショベルの中に幼い兄妹が座っている。兄はハチマキを締めて腕組みをし，その子もまたある一点を見つめている。その子の視線は，幼い子どものそれとは思えない，厳しく強く，挑むようなものだった。黒いフードの女性（兄妹の母親）と幼い兄妹が見つめる先には，スコップを振るう，ヘルメット姿の市の職員らしき者が写っている。そして，見開き2ページのその大きな写真の左上に，小さな解説が書かれている。"夫の捜索をじっと見守る妻"とあり，日付は2月2日である。震災が発生したのは1月17日であり，2週間が経っている。父親の生死が判別しない2週間の日々を，幼い兄妹は何を思い，過ごしてきたのか。どこで父親の生を諦め，遺体の発見を待つに至ったのか。

それから5年後の2010年，私は，その写真から受けた衝撃を授業にしようと思った。その写真の裏側から読み取るべき震災の教訓を，「いのちの教育」として行うことにしたのである。

(2) 授業づくりの視点

これまでの災害教育においてもっとも中心となっていたのは，避難訓練である。欠かすことのできない安全教育内容ではあるが，その実態はマンネリとも言えるものであり，いのちの重さ，尊さに対する実感が伴っていない。自他のいのちを尊く思い，それを自ら守ろうとする姿勢を持った避難訓練を目指さなければならない。そのためには，地震のメカニズムに対する知識と，地震災害の実情に対する理解，そして，災害にあった人々の悲しみを理解し，その悲しみに実感を持つことが肝要である。未体験である悲しみや苦しみを実感することは容易ではない。しかし，過去に被災した人々のメッセージを教材として学習することによって，その実感に一歩でも近づこうとすることが大切である。

本実践においては，地震のメカニズムなどを学習し，地震に対する知識・理解を得た上で，地震体験活動を行った。地震の揺れに対する恐怖心は，実際に

自分に何ができるのかを，実感を持って考えるために必要であり，また，人のいのちを奪う可能性のある自然災害の大きさの実感に，一歩でも近づくために必要である。そして，自分の部屋や家の安全チェックを行うことによって，事前に対策を講じておくことの大切さを感じ，実践力へと結びつける。

　しかし，そこからいのちの重さ，大切さの実感に近づくためには，「揺れの恐怖心」だけでは不十分である。震災にあった人々の悲しみや苦しみを理解してこそ，自他の生命を尊重する心が育まれ，そのために自分がすべきことを，実感を持って考えることができるようになる。そこで，被災した人々や，震災の様子を写した画像を教材としたのである。人々の悲しみや苦しみを体験することは不可能だが，画像を読み取り，解釈し，感想を書いたり述べたりする言語活動を介在させることによって，より実感へと近づく一つの体験活動になりうると考えた。思いを書いたり伝えたりすること，また，他者の考えを聞き，自分の考えに取り入れようとすることは，これまで自らが持っていた自己認識を再認識したり，新たに形成したり，深化させるために必要である。その後に考えた「自分ができること」は，違った様相を見せるだろう。そこには，地震災害に対するスキルのみではなく，自他のいのちに対する思いが入ってくるのである。

（3）授業の展開

　表6-3に示したのが全8時間の指導計画である。まず，この中の第2次「地震の揺れを体験し，生活に生かす」の1限目，「地震体験をする」における子どもたちの姿を紹介したい。

（4）地震体験

　本実践「阪神・淡路大震災の教訓から」は，指導計画の第3次「被災した人々の悲しみを感じ取り，いのちの尊さについて考える」の1時限目，「被災した様子を写した画像を読み取り，人々の悲しみや苦しみを実感する」の時間を2月の研究会で公開授業として行う予定だった。

第6章　いのちの教育と子どもたち

表6-3　「阪神・淡路大震災の教訓から」指導計画（全8時間）(2010)

児童の活動と意識の流れ	指導上の留意点●
第1次　地震のメカニズムや過去の地震について学ぶ (2h)	
○データを読み取る。 ○地震のメカニズムついて知る。 ・実際に、こんな多くの人が亡くなっているんだ。	●地震災害のデータを使用することによって、実際の自然災害の大きさに気づかせ、実際に多くの人のいのちが奪われていることに気付かせる。
第2次　地震の揺れを体験し、生活に生かす (3h)	
○地震体験をする。（防災センター見学） ・阪神・淡路大震災のときの揺れって、こんなにも凄かったんだ。 ・身動きできない。日頃の備えが必要だな。 ○自分の家や部屋の安全チェックをする。 ○自分にできることを考える。	●揺れの実体験から、その場では何もできないことを実感させ、次の安全チェックへと結びつける。 ●ここで考える「自分にできること」とは、災害前の備えについてである。しかし、災害後についてはどうなのかと問いかけ、次の展開の「いのち」について感じるきっかけとする。
第3次　被災した人々の悲しみを感じ取り、いのちの尊さについて考える (3h)	
○被災した様子を写した画像を読み取り、人々の悲しみや苦しみを実感する。 ○自分ができること、すべきことについて考え、日頃の行動や考えに結び付ける。	●全員が、感じたことを表現できるように、書かせる活動を重視する。 ●安全チェックで考えた「自分ができること」を振り返らせ、いのちに対する思いが強まっていったことを実感させる。

　その2月の公開授業も近づいた1月下旬。私は6年生の子どもたちを連れて、社会見学として大阪市阿倍野区の防災センターを訪れた。そのもっとも大きな目的は、阪神・淡路大震災と同じ揺れを体験できる、地震体験を行うことだった。それまでの学習過程で、震災当時の新聞記事を使用したり、また、この学習をしていることを知った保護者で、テレビ局のアナウンサーの方がおられ、当時ご自身が震災の現場を取材したときの映像を提供してくださり、その映像を視聴するなど、子どもたちの学びは広がりと深まりを見せていた。

　そしてこの日、防災センターで地震体験を行うことによって、実体験することができない阪神・淡路大震災からの学びを、より本物に近づけることを目的としたのである。

　私がこの授業を作ったときのメモを見ると、ノートにひと際、濃く大きな文

字で，"本気の防災対策へ""安全への本当の意欲，熱意を持たせる"などと書かれている。私たちの多くにとって，災害は他人事であり，まさか今，あるいは明日の午前5時46分に地震災害に遭い，ふるさとの街が焼け野原になるとは想像することができない。したがって，防災対策も「そのうちに」ということになる。今回の実践では，過去の地震災害で実際に失われたいのちを教訓に，「本気で防災対策をしよう」という意欲と意識の喚起をねらい，願う授業なのである。

地震体験のコーナーは，手すりのついたステージ状になっており，10人くらいずつで子どもたちは並び，目の前の手すりを持って身構えた。そして，下から突き上げるような，阪神・淡路大震災の，いわゆる直下型地震の大きな揺れを体験し，子どもたちは悲鳴を上げた。

数分間の阪神・淡路大震災の地震体験を終え，体験コーナーから降りてきた，私のクラスの一人の女子児童に，「どうだった？」と私は聞いた。このときの児童の反応としては，「こわかった」と，その恐怖を表現するか，「大きな揺れでびっくりした」と，驚きを口にすることが予想される。私もそのような，当たり前の反応を想像した。しかしその女子児童は，私の予想とはまったく違う表情を見せ，予想外の言葉を言った。

「どうだった？」と尋ねた私に，その6年生の女子児童は突然涙を流しながら，「かわいそうに」と言った。そして続けて言った。

「真冬の朝の5時46分って，真っ暗でしょう。まだ眠っているときに，あんなに大きな揺れが突然やってきて，どれだけ怖かっただろう」

子どもたちには，被災者が抱いた恐怖心や，地震災害の恐ろしさ，失われたいのちが多くあったということを，ただの他人事ではなく，教訓として受け入れることができる心情や学びが形成されていた。そして2月の公開授業で，あの1枚の画像を使って学ぶときが来た。

（5）6434のいのちの実感

私がこの年，2010年2月の研究会に公開授業として，6年生の学級で行った

第6章 いのちの教育と子どもたち

「阪神・淡路大震災の教訓から」には，100人以上の方が参観に訪れた。通常の教室の形態では多くの人に見ていただけないため，教室を横に使い，さらに廊下にひな壇を設置して階段状にし，できる限り多くの人に見ていただくことにした。したがって，日頃使用している黒板は児童の右側になり，使用できない。そこで公開授業では，移動式の黒板とホワイトボードを使用して授業を行った。

授業の導入で私は，黒板の真ん中に"6434"という数を書いた。阪神・淡路大震災に関するその数は何を表すのかを，まず子どもたちに予想させた。「余震の回数」や「倒壊した家の数」など，様々な予想が出た。そして私が，6434の横に，単位である（人）を書き入れると，一気に教室の中の空気が変わった。多くの人に見てもらう公開授業というお祭りの場ではなく，「いのち」について学び，考える場に変わったのである。「この6434人という数は，先日，阿倍野防災センターで地震体験したあの揺れ，阪神・淡路大震災で被災し，亡くなった人の数です」

そして，「この数をどのように感じましたか」と子どもたちに問いかけ，ワークシートに記入させた。子どもたちの多くが，「とても多い」という言葉を書き入れていた。この言葉が，この日の授業の鍵だった。

そして私は，この実践を行うきっかけとなった1枚の画像をスクリーンに映した。子どもたちはまだ，その画像の意味がわからず，ただ見入っている様子だった。そして，その画像を"読んでいく"活動を行った。

「女の人が立っている」「花束を持っている」「ショベルの中に，子どもが2人座っている」「兄妹かな」「お母さんと兄妹だ」

そして徐々に，一見しただけでは印象的に映らなかったものに目を向け始めた。

「周りは焼け野原のようになっている」「親子は何かを見ている」「ヘルメットを被った人がいる」「何かを掘っている」

子どもたちは，その写真の中の物語に気づき始めていた。そして私は，子どもたちの席からは読み取ることができない，写真の左上の解説を読んだ。

「ここには，"夫の捜索をじっと見守る妻"と書かれています」
　そして続けた。
「この写真が撮られた日付が書いています。"2月2日"です」
　それが何を意味するのか，何も言わずとも子どもたちは自分たちなりに感じ取っていた。だがこの授業の目的は，ここで1枚の写真の中の悲しみを感じ取り，センチメンタルな感想を聞くことではなかった。私は，おもむろに黒板の方へ向かった。先に述べたように，この授業では教室を横に使っていたので，黒板は子どもたちの右側にある。そして，その黒板は使うことはできなかったため，私はそこにある"仕掛け"を施していた。
　私は「いのちの教育としての安全教育」の授業を行うとき，意識して「いのち」という言葉は使わないし，ましてや「いのちは大切です」などとは言わないようにしている。それは聞き，覚えるものではなく，感じ取るものであり，醸成されていくものだと思うからである。
　公開授業の前日の夜，悩んでいた"仕掛け"を実践することを決意した。それは，使用した1枚の写真が収められている報道写真集の巻末の"被災者名簿"だった。それは，小さな文字で，被災者の氏名，年齢，住所が6434人分載せられているものであり，何ページにもわたる。私はその名簿のすべてのページをコピーし，テープで貼り合わせた。この報道写真集を出版している新聞社には，公開授業での写真と被災者名簿の使用について，許可を得ていた。それでも，亡くなった人々の名前を授業で使用することには最後まで抵抗があり，前日まで決めかねていたのだ。教材として使用することに決めた公開授業の前日，その貼り合わせた被災者名簿を，当日使用しない黒板に磁石でとめると，それは黒板をはみ出すほどの大きさとなった。それをカーテンで隠して授業を行っていた。言葉では表現できない「いのち」の重さがそこにはあった。
　授業の中で1枚の写真を読み取り，その悲しみを想像していた子どもたちの前で，私はカーテンに近づき，それを外した。黒板をいっぱいのその紙の大きさに圧倒されながら，子どもたちは何が書かれているのかわからずにいた。私は，その紙に一番近い児童に，何が書かれているかを読ませた。「名前と，住

所と，年齢が書かれています」とその児童が言った。何らかの名簿であることはわかったようである。そこで私は言った。「ここには，6434人分の名前，年齢，住所が載せられています」

　授業の冒頭に黒板に書いた，"6434人"と書かれた文字を子どもたちは見ていた。そして子どもたちは，1枚の写真の悲しみが，6434人の被災者の周りにあるのだということを感じていただろう。

　私は6434人という数について，「この数をどう思いますか」と，授業の冒頭と同じ投げかけをした。

　「多いではすまされない」「多いとか少ないという問題ではない」というような言葉が並び，45分前とは大きく変容した姿が見られたのである。そして最後に，家での防災の工夫について聞くと，多くの児童が「物足りない」「もっと工夫と準備をしないといけない」と安全に対する意欲を強く持った様子だった。

　阪神・淡路大震災から15年経っても，被災者のいのちが，今を生きる子どもたちのいのちにつながったのである。

　この公開授業「阪神・淡路大震災の教訓から」のおよそ1年後，2011年3月11日。東日本大震災が起きた。

4　「釜石の奇跡に学ぶ」（地震災害）の授業【小学校高学年対象】

（1）授業づくりの背景──「釜石の奇跡」を知って

　2011年3月11日に発生した東日本大震災は，まさに日本中を震撼させた。当時4年生を担任していた私は，地震が発生したときは6時間目の授業の準備をしていたように思う。そして6時間目を通常通り行い，下校の準備をさせていたときに，地震のことを知った。同僚が私を教室まで呼びに来て，何事かと職員室まで走り，モニターを見た。そこにはニュース映像が流れており，同僚の言葉で，東日本に大きな地震が訪れ，津波が発生し，甚大な被害が発生していることを知った。私が目にした映像は，大型スーパーに停められているたくさ

んの乗用車が，津波でゆっくりと（そのように見えた），まるでおもちゃのように流されていく様子だった。私は，その見たこともない光景に愕然としながらも，前年の授業，「阪神・淡路大震災の教訓から」のことを思い出していた。そのときの子どもたちは小学校を卒業し，中学生になっていた。あの学習をした子どもたちは，この震災をどのように受け止めるのだろうと考えた。同時に，この震災のことを，子どもたちにどのように伝えていくのかと考えていた。

「釜石の奇跡」という言葉が聞こえ始めたのは，それからしばらく経ってからである。「釜石の奇跡」とは，あらためて説明の必要もないほど有名ではあるが，簡単な解説を加えておきたい。

釜石市の鵜住居（うのすまい）地区にある鵜住居小学校と釜石東中学校は，隣接している。過去の地震災害における津波被害でも，この両校は浸水域に入っておらず，ハザードマップでも危険域には指定されていなかった。しかし，東日本大震災が発生したとき，中学生たちは自主的に校庭を出て，「津波が来るぞ」と叫びながら避難所に指定されていた「ございしょの里」まで移動した。日頃から一緒に避難する訓練を重ねていた，隣接する鵜住居小学校の小学生たちも，後に続いた。印象的な写真がある。住民が撮影したもので，「釜石の奇跡」が語られるとき，必ずといっていいほど目にする写真であり，中学生が小学生の手を引き，共に避難する様子が映し出されている。その後，避難場所の裏手は崖が崩れそうになっていたため，さらに高台へと避難した。その数分後には，小中学校にも，さっきまでいた「ございしょの里」にまでも津波が到達していた。

釜石市の小中学生のうち，この日，病気などで学校を休んでいた児童生徒の5人が津波の被害に遭っていのちを落としたが，小中学生の生存率は99.8％だった。それは，偶然でもなんでもなく，ハザードマップや「想定」にとらわれずに行動した結果であり，人々は「釜石の奇跡」と称したのである。

この「釜石の奇跡」の裏側には，安全教育，とくに津波を想定した避難訓練があった。群馬大学の片田敏孝教授が，三陸海岸沿いの津波被害に目を向け，8年にわたって釜石市の安全教育に携わってきた。私はこのことを知ったとき，

第6章　いのちの教育と子どもたち

安全教育の価値の証明だと感じた。そしてこのことを，大阪の小中学生に伝えたいと思ったのである。

　私は，その年度の2月に行われる研究会で，「釜石の奇跡」の授業をすることを決めた。しかし，私が得ている情報と言えば，インターネットからのものがほとんどであり，実際に見聞きしたものではなかった。そのようなうわべの情報だけで，多くの失われたいのちを教材にするわけにはいかない。2012年1月，私は釜石市に赴いた。

（2）釜石の学校を訪れて

　2012年の1月下旬。私は東日本大震災の被災地，釜石市を訪れた。真冬の釜石は，雪で覆われていた。私の胸中には，「あれから1年近く経つのだから，津波の凄惨さは感じることができないだろう」という思いがあった。しかし，2日間の滞在で，私のそのような思いは根底から覆されることになる。

　花巻空港からレンタカーで約2時間。目的地の釜石市に到着した私は，異様な街並みの中にいた。住居の残骸，崩れ落ちたビル，無残に取り残された家財道具。1年近く経つとは言え，被災地の様相はあまりにも衝撃的だった。私はただ，言葉もなく写真を撮り続けた。そして，もはや誰もいない，子どもの声も聞こえてこない，鵜住居小学校と釜石東中学校を訪れた。

　この2つの学校は，「釜石の奇跡」の舞台となったところである。雪で埋め尽くされたグラウンドを歩きながら，私はまず，鵜住居小学校に行った。1階部分は物が散乱し，青色のお弁当箱とお箸が床に転がっていた。校舎内に入り，階段を上っていると，階段の手すりに子どものコートが土砂にまみれて引っかかっていた。2階部分にある職員室は，パソコンやプリンター，机やいすが散乱しており，すさまじい状況だった。学校というものが完全に崩壊していた。外に出て校舎を見上げると，3階部分の窓に，軽自動車が頭から突っ込んだままになっていた。にわかに信じがたい光景だった。そこに子どもたちがいたらと思うと，考えるだけでも恐ろしかった。

　そして，隣の釜石東中学校を訪れた。外から見ると，渡り廊下は骨組みだけ

になっていた。もっとも印象的だったのは，3階部分と4階部分の違いである。津波は3階まで飲み込んだ。したがって，3階部分までの校舎内は壊滅状態だった。それは，先に述べた小学校の3階部分に，車が"突き刺さっている"ことからも窺える。そして私は4階へと上がった。そこは音楽室だった。机や椅子，ピアノなども無事に残っていた。まだ，生徒の息遣いが聞こえてくるようだった。そして黒板を見た。津波後，多くの人がここを訪れたのだろうか。あるいは，ここ，釜石東中学校の生徒が，壊滅した母校を訪れて書き残したのだろうか。黒板には多くの文字が残されていた。その黒板の真ん中に，走り書きのようにこんな言葉が残されていた。

"津波のバカヤロー"

（3）中学生へのインタビュー

　釜石を訪れた大きな目的は，釜石の奇跡の舞台となった，釜石東中学校の3年生（震災当時2年生）のS沢くんに，インタビューを行うことだった。私はこの釜石行きを決めたとき，第3章に登場した某テレビ局の豊島さんに連絡をした。釜石の奇跡に関するニュースの中で，2人の中学生がインタビューに答えていたことを思い出したからである。S沢くんは，当初決められていた避難場所から，「もっと高台へ」と避難し，全員が避難したもっとも高い位置にある石材店から，さらに上の山まで登って避難したのだと，インタビューで答えていた。私はぜひともS沢くんに会って話が聞きたいと思った。豊島さんが，釜石に取材に行った別の記者の方につないでくださり，その方がS沢くんと交渉してくれ，S沢くんと釜石で会うことが実現したのだった。このS沢くんへのインタビューが，結果的に，公開授業「釜石の奇跡に学ぶ」の中核となった。

　S沢くんと話すまで，私は「釜石の奇跡」を，新聞やインターネットからの情報でしか知らなかった。そこには，多くの場合このように書かれていた。

「自らの判断で避難した中学生」

　その言葉だけを捉えてしまい，「釜石の奇跡」の一面しか見えていなかった

第6章　いのちの教育と子どもたち

ことを，S沢くんへのインタビューで実感することができた。

　まず地震発生時，S沢くんたちはクラブ活動中だった。S沢くんは野球部に属していて，運動場で活動していたという。校内には文科系のクラブがいくつか活動していた。そして地震が発生した。S沢くんはそのときのことを，「運動場にいても，立っていられないほどの揺れだった」と表現した。そして，「まだ揺れている最中に，みんな運動場に集まってきた」のだという。そして，「運動場には亀裂が入っていた」と言った。多くの学校では地震発生時の安全教育として，"揺れが収まるまで机の下に身を隠す"と教えてきたのではないだろうか。しかし，「釜石の奇跡」の当事者たちは，そのセオリーに依っていない。

　そして運動場に集まってきた中学生は，「点呼もとらずに，みんな走って逃げた」のだそうだ。これも，私たちが日常行っている避難訓練とは異なった行動である。しかしこれらの行動は，じつは訓練通りのものだった。運動場から真っ先に先頭を切って走ったのは「先生」だったのだ。S沢くんは「若いマサル先生が，大声で逃げろーと言って先頭を走った。だから自分たちも追いかけ

（5）「東日本大震災を受けた防災教育・防災管理等に関する有識者会議」の最終報告（2012年7月）では，"一次避難行動として74％で机の下に潜る等の行動をとる，…（中略）…など，東日本大震災が発生するまでに行われていた一次避難行動に対する避難訓練の成果は現われており，改めて避難訓練の重要性が明らかになった"とある一方，「想定外」の地震でパニックになり，何もすることができなかったという報告もされている。現在では，文部科学省が発行する「学校防災マニュアル（地震・津波被害）作成の手引き」において，その表紙の最上段には『落ちてこない・倒れてこない・移動してこない場所に』という文言がある（第5章参照）。そして，「第1章　学校防災マニュアルについて」の「2　作成のポイント」の中に，"地震の揺れは突然やってきます。…（中略）…地震の揺れで停電する場合もあることから，校内放送で「地震が発生したので机の下に入りなさい」と指示することによって避難行動を促す訓練が，実際に地震が発生したときの危機管理に見合っていないことが言えます。…（中略）…自分の身の回りで落ちてくるもの，倒れてくるもの，移動してくるものはないかを瞬時に判断して，安全な場所に身を寄せることが必要です"とあるように，現在推奨される，地震発生時の一次避難行動としては，『落ちてこない・倒れてこない・移動してこない場所に』身を隠すことが主流となった。

るように走って逃げた」と教えてくれた。マサル先生は，あらかじめ学校全体で決めていた"率先避難者"だったのである。

私はS沢くんに聞いた。何が君たちのいのちを救ったのかと。S沢くんは明快に，「先生たちのおかげです」と言った。その答えは，新聞などの情報からは知りえないものだったのである。そしてS沢くんは言った。

「奇跡なんかじゃない。ぼくたちは，訓練を積んでいたから」

（4）生きる方へ

S沢くんと話した翌日，私は釜石東中学校の校長先生，副校長先生とお話をさせていただく機会を持つことができた。当校は津波の大きな被害に遭い，学校を再開することはできなかったので，釜石中学校に間借りをして学校は開かれていた。

多くのお話を聞くことができたのだが，校長先生の話の中でもっとも印象的だったのは，「管理職の役割」についてであった。地震発生後，中学生と小学生は，日頃の訓練を生かし，手を取り合って学校を離れ，避難場所へと向かった。先に述べたように，「点呼もとらずに」である。では，校内には誰も残っていなかったのか，逃げ遅れた生徒はいなかったのかという心配が残る。校長先生は，学校経営の責任者として，最後まで校内に残り，逃げ遅れた生徒がいないかすべてをチェックした。「死を覚悟しながら」したのだそうだ。そしてすべてをチェックし終わったときには，津波は学校に押し寄せていた。背後から黒煙を上げて近寄る津波を見た校長先生は，避難場所へ向かうことを諦め，無我夢中で道なき山へと入っていったのだそうだ。石材店まで避難し，ようやく点呼をとった中学生や先生たちは，学校に残った校長先生は，津波に飲み込まれたと諦めたのだそうである。しかし，その数時間後に，校長先生は無事に山から下りてきたのである。

そして最後に，これまでの安全に対する認識を覆され，そして，進むべき方向を示唆していただけたような，とても深い一言を聞くことができた。私はずっと気になっていたことがあった。それは，石巻市立大川小学校のことである。

第6章　いのちの教育と子どもたち

幾度も大きく新聞で取り上げられたが，当校は津波の被害で全校児童108人中，74人が死亡・行方不明となった。教員も10人（11人中）が犠牲となっている。このとき大きく問題とされたのが，学校側の避難判断だった。地震発生から津波到達までは，およそ40分以上あったと言われる。その間，学校は児童を運動場に整列させ，点呼をとり，迎えに来た保護者に対応した。避難を決定したときにはすでに遅かった。裏山に避難せず，結果的に津波に向かって行ったのである。

　この状況だけを見ると，釜石東中学校や鵜住居小学校の児童・生徒や学校の判断，行動とは歴然とした違いがある。結果的に，大切な子どもたちのいのちと結びつく違いとなったのである。責めるのではなく，知り，教訓にしなければならない。

　私は思い切って，副校長先生にこう聞いた。
「釜石の小中学生の生存率は99.8％。その一方で，多くの子どもたちが津波で流され，亡くなってしまった学校があります。その違いは，何だと思われますか」
　副校長先生は，しばらく辛そうに黙っておられた。そして，こう言われた。
「私たちは，たまたま生きる方，生きる方へと向かったのです」
　私は，その言葉を聞いた瞬間に，「生きる方」へと向かうことができる安全教育こそが，東日本大震災から学び，私たち教育者が追い求めなければならないものなのだと，強く思った。

（5）授業づくりの視点
　この「釜石の奇跡に学ぶ」は，やはり2月に行われる研究会の公開授業として行った。2012年2月の研究会であり，東日本大震災から間もなく1年が経とうとしている時期だった。この授業の目的は，東日本大震災について知り，学ぶことによって，災害時における安全な行動や自他の生命について，実感を持って考えることができるようにする，というものである。以下は当時私が書いた指導案の中の，"教材観"にあたる部分である。

第Ⅲ部　これからの学校安全と安全教育にむけて

"2011年3月11日に発生した東日本大震災（14時46分発生）は，人々が日常生活を繰り広げる時間帯に発生したという点で，1995年1月17日に発生した阪神・淡路大震災（5時46分発生）とは被害の様子が大きく違う。学校においては，多くの学校が午後の授業中だったことだろう。学校現場の中でかけがえのない子どもたちのいのちが失われた中，99.8％の子どもたちが自らのいのちを災害から守った地域がある。それは，「釜石の奇跡」と称される。この奇跡と称される実情には，奇跡を呼ぶ背景があった。日々の安全教育の取り組みが，その場でもっとも適切な判断をすることができる能力を育んでいたのである。私たち学校教育に携わる者は，この奇跡と称されるものを教訓として，児童生徒に伝えていく責務があり，児童生徒はそれを教訓として学び，自らのいのちに結びつけていくことが大切である。

　本実践においては，池田市のハザードマップを使用し，災害に対する日常の無意識を認識することから始める。自然災害は思わぬときにやってくるからこそ，事前の備えが必要であるという，安全を学ぶことに対する意欲（欲求）を持たせる。その後，東日本大震災について学び，「釜石の奇跡」で中学生が感じた恐怖，果たした役割，下した判断について考えることから，災害時の自らの行動や自他の生命を守ることについて，自らの立場に置き換え，実感を持って考えさせる。

　災害を教訓とし，失われたいのちを尊ぶ授業でありたい。"

（6）授業の展開

　授業の学習指導案は表6-4のとおりであった。

（7）公開授業「釜石の奇跡に学ぶ」とその協議会で

　2012年2月。釜石を訪れてから2週間後。私は研究会で「釜石の奇跡に学ぶ」という授業を公開授業として発表した。授業の大きな目標は，避難訓練に対する認識を変えるというものだった。そして何よりも，S沢くんのメッセージを子どもたちに伝えたかった。避難訓練は，大人にとっても子どもたちにと

第6章　いのちの教育と子どもたち

表6-4　「釜石の奇跡に学ぶ」学習指導案（2012）

児童の活動と意識の流れ	●指導上の留意点　◇評価の観点
1．今，災害が起こったら？ ○安全安心様相図（※後出の図6-8）に，地震に対する自分の行動が安全・安心かをポイントする。 ○ポイントした考えを発表する。 2．私たちの行動は？ ①津波が来た。（災害想定区域外） A・校舎の屋上に避難する。 B・学校を出て高台を目指す。 ②目指していた避難場所に着いた。 A・もっと高い高台を目指す。 B・そのまま避難場所にいる。 ③けがをしている友だちがいる。 A・背負って逃げる。 B・見捨ててしまうかもしれない。 3．「釜石の奇跡」について知る。 ○釜石市の災害の様子，「釜石の奇跡」を知る。 　（ハザードマップ・資料・動画） 4．これからの行動，しなければならないことを考える。 ○「私たちの行動は？」で選択した内容と，釜石の中学生や小学生の行動を比較する。 ○これからの行動を考え，発表する。 ○安全安心様相図にポイントする。	●ここに表れるのは，災害を想定できない実態である。このポイントが，授業の終わりのポイントと比較できるようにする。 ●これらの行動を，選択肢を与えて考えさせることにより，後の「釜石の奇跡」における中学生の行動を，実感を持って考えることができるようにする。 ◇災害を想定し，自らの行動に結びつけて考えることができている。 ●ここでは，奇跡と称される生存率の裏側にあるもの（助かったが親を亡くした子どもたち）にも触れることによって，生きることへの意欲，生命を守ることへの意欲を実感させる。 ◇生命尊重を基盤とした考えを持ち，表現することができている。 ●ここでは，生命を守り，大切に考えた上での行動には，何が必要なのかを考えさせる。 ●ポイントを動かし，自己変容を実感させる。

ってもマンネリ化しているのが現状である。それは，"本当に避難訓練は必要なのか。避難訓練でいのちを救えるのか"という，実感を伴わない感覚からくるのではないだろうか。そこで，避難訓練で学び，実際に「生きる方」へと向かった釜石の中学生の行動から学び，避難訓練に対する認識と向き合い方を変えてほしいと願った授業だった。

　事前アンケートで，当該クラスでアンケート調査を行った。問いは，「避難訓練は…①必要　②不必要」「今の避難訓練は…③有効　④有効ではない」というものだった。結果は，①40人②1人③22人④19人となった。実態として浮かび上がってきたのは，「避難訓練はやっぱり必要だけど，いざというときに

第Ⅲ部　これからの学校安全と安全教育にむけて

役立つとは思えない」と感じている子どもたちの意識だった。授業では，釜石東中学校のＳ沢くんのインタビューを編集し，教材として使用した。そのインタビューを視聴しながら，子どもたちは，今まで自分たちが感じていた震災，津波というもの，避難訓練に対する意識を変容させ，何よりも，「安全に生きること，いのちを守ること」への意欲を高めたようだった。

　そして，公開授業の後の協議会でのことだった。各都道府県から，学校関係者が多く集まり，活発な意見交換を行うことができた。防災教育に対する関心の高さが窺えた。協議会の時間が瞬く間に過ぎ，司会者が，「最後にどなたか，これを言いたいという方はおられませんか」と投げかけた。すると，多くの方が挙手したのだが，その中で司会者が，「オーラを感じました」と冗談交じりに言いながら，一人の女性を指名した。その方は，ゆっくりと立ち上がって自己紹介をした。

　「私は，大川小学校の隣にある○○小学校で校長をしております，○○と申します」

　会場は水を打ったように静まりかえった。先にも述べたように，大川小学校に関する報道は多く，関心の高いことだったので，なぜその先生が，「大川小学校の隣の」という言葉を入れたのか，誰もがその意味を理解していた。その先生の学校も多くの被害を受けたのだろうということは想像に難くなかった。私は，その先生の言葉が待ち遠しくもあり，怖くもあった。自分の授業は，災害を受けた学校の先生にどう受け取られたのかと。その先生の一言が，授業のすべてを決め，何にも代えられない評価になると思った。

　そして，その先生は，たった一言だけ，このように言って席に着かれた。

　「この，遠く離れた大阪の地で，東日本大震災を教材として取り上げて授業作りをして下さったことに，心から感謝します」

　予想外の言葉だった。しかし私はその言葉を聞いて思った。やはり，災害を受けた人々は，「風化」を恐れるのだと。風化は，亡くなった人々のいのちが忘れ去られることを意味する。そして，その辛さ，悲しみを理解しようとする人々がいなくなっていくことを意味するのである。

第6章　いのちの教育と子どもたち

安全教育は，災害や事故，そして事件で亡くなった人々，子どもたちのいのちを糧にし，伝えていくことだと，あらためて感じさせられた。

5　「いのちの避難訓練」（火災）の授業【小学校中学年対象】

（1）「おはしも」という安全標語について

本書の中で，「いかのおすし」という安全標語について，言葉を覚えるだけでは安全な行動には結びつかないこと，そして，その言葉を「正しい」と過信すると，逆に不安全を招く可能性があることを述べた（第5章参照）。同じように学校でよく使われる安全標語に，「おはしも」という言葉がある。この言葉は，災害時に避難するときのセオリーとされている言葉である。「お」は"押さない"，「は」は"走らない"，「し」は"しゃべらない"，「も」は"戻らない"を表している。それぞれの言葉の意味を整理しておきたい。

まず「お」の"押さない"だが，これは避難時の二次災害を防止するための言葉である。学校には非常階段があるが，たいていの場合，学校の端側に設置されていて，幅が狭くて急である。この非常階段を使って子どもたちが避難するとき，前の友だちを"押す"などの行為を行うと，いわゆる将棋倒しのような状態になり，大きな二次災害を引き起こす可能性がある。それを防止する意味での"押さない"である。

次に「は」"走らない"についてだが，これもやはり二次災害を予防するための言葉である。避難時に走ることによって，転倒したり，パニック状態を引き起こす可能性があると考えられるための言葉である。現に学校で行われる避難訓練は，私の知る限り（経験上），廊下に整列し，黙って整然と避難場所へ移動する。

「し」"しゃべらない"についてだが，これは避難中，子どもたちが騒いだり大きな声で話したりすると，これもまたパニック状態になることが危惧される。そしてもっとも大きな理由は，教師の指示が通りにくくなるからなのである。

最後に「も」"戻らない"である。これは，災害現場に"戻らない"という意

149

味である。"戻る"とすれば，何のために"戻る"のか。それはおそらく，溺れる者や火災現場に取り残された者を助けるためだろう。あるいは，大切な何かを取りに戻るためだろう。たしかにそこから発生する二次災害はある。かけがえのないわが子を助けに行き，いのちを失った親は少なからずいるのである。

（2）「おはしも」と安全教育の本質

「おはしも」という安全教育の，とくに避難時のセオリーは大切なものであることは否定しない。"押す"と将棋倒しなどの二次災害の可能性がある。"走る"と転倒し，大きな二次災害に結びつく可能性がある。"しゃべる"と，先生の指示が聞こえず，適切な避難ができなくなる可能性がある。"戻る"と，自らも災害に巻き込まれ，いのちを失う可能性がある。

たしかにどれも，「可能性」はある。しかし，そのような可能性があるから，どれもしてはいけないと，教えてしまってもいいのだろうか。

たとえば，先に述べた「釜石の奇跡」においては，中学生であるS沢くんの言葉にもあったように，中学生は地震でまだ揺れている最中に，「走って」避難したのである。そして点呼もとらずに「走って」避難所に向かい，大声で情報を伝達し合ったのである。この中学生たちが，「おはしも」という教えを頑なに守り，地震が収まるまで校内で身を潜め，廊下に整然と整列し，点呼を待ち，「走らず」「しゃべらず」運動場に避難していたとしたら，はたして彼らのいのちはどうなっていただろう。

「おはしも」にせよ，「いかのおすし」にせよ，大切な教えである。しかし，それが正解なのではない。いずれも一つの安全の視点にすぎず，そうでない場合も多々あるのだという多角的な視点が必要なのである。

そこで私は，「おはしも」の中の「も」"戻らない"に焦点をあてると同時に，妄信的に同じ要領で繰り返されている避難訓練のマンネリを解消し，避難訓練が「いのちのための」避難訓練となるための授業提案を行うことにした。

（3）授業づくりの視点

　この「いのちの避難訓練」では，火災に関する学習を行った。大きな目標は2点ある。まず1点目は火災に対する知識，スキルを学び，災害時に，より安全な行動を取ることができる力をつけることである。もう1点は，火災学習を通して，いのちの大切さ，重さの実感を醸成することである。児童においても，火とは無くてはならない便利なものであると同時に，人のいのちをも奪う怖いものであるという潜在的な意識がある。データや映像を通してその"怖さ"を具体的に学び，そこからいのちの実感を醸成することを目的とした。

　本実践を始めるにあたり，対象である4年生児童の火災に対する意識調査を行った。「火災」という言葉を聞いて連想するものを挙げさせたところ，全62語の用語が子どもたちから出た。そして中でも，次のような頻出用語の結果を得た。

　①炎・火（34人）②危険（30人）③熱（27人）④たばこ（19人）⑤怖い（18人）

　その中で，"避難訓練"と記述した児童は4名だった。火災と避難訓練が結びついていない様相がうかがえる。子どもたちは，火に対して潜在的な恐怖心はあるものの，実際に起こりうる「災害」に対する認識は低く，その認識の低さが，実感を伴わない避難訓練に結び付いていることが考えられる。

　安全教育において意識しておくべき点は，そのほとんどが実体験の伴わない学習だということである。しかし，より実感に近い体験活動を行うことは，安全教育において必要不可欠であり，そこから児童は実感を持って安全について思考し，いのちの尊さに向き合うことができるのである。たとえば，避難訓練時に，なぜ「おはしも」（押さない，走らない，しゃべらない，もどらない）なのかという意味について学ぶ。その意味を理解してこそ，実践的な行動に結び付くのだが，しかしそこには「いのちを守る」という実感があったとは言い難い。いのちの重さ，大切さの実感に近づくためには，「火に対する潜在的な恐怖心」だけでは不十分である。被災した人々の悲しみや苦しみを理解してこそ，自他の生命を尊重する心が育まれ，そのために自分がすべきことを，実感を持って考えることができるようになる。そこで授業では，火災現場に戻ってしま

表6-5 「いのちの避難訓練」指導計画（2010）

児童の活動と意識の流れ	指導上の留意点
第1次　火災のメカニズムや過去の火災について学ぶ（2h）	
○データを読み取る。 ○火災のメカニズムについて知る。 ・実際に、こんなに多くの人が亡くなっているんだ。	●火災のデータを使用することによって、実際の災害の大きさに気づかせ、実際に多くの人のいのちが奪われていることに気づかせる。
第2次　災害の疑似体験をし、生活に生かす（3h）	
○煙体験をする。 ・煙の中をかがんで歩くのは大変だ。 ・周りがまったく見えない。 ・実際にできるだろうか。 ○消火器体験をする。 ○避難訓練①をする。	●煙の中を歩いたり、消火器を実際に使用する体験をすることから、災害時の緊急性や緊張感を実感させ、次の避難訓練へと結びつける。
第3次　被災した人々の悲しみを感じ取り、いのちの尊さについて考える（3h）	
○災害現場に「も」どることについて考える。 ○避難訓練②を行う。	●被災者の声や話を聞く中で、実際にその思いを感じ取らせる。 ●①の避難訓練のときと、自分自身はどう変わったかを認識させる。

うことの是非、大切なものを守りたい、助けたいということと、火災の恐ろしさの間にある葛藤について、実際の場面をもとに議論し、自らの行動について実感を持って思考する。そこから、いのちの重さ、大切さを実感しながら災害に対してより安全な行動を取ることの必要性を実感させ、いのちの実感を持った避難訓練へと結びつけた。

（4）指導計画

　本実践は全8時間で行った。その全体の計画は表6-5のようになる。
　ただし途中で計画を変更した部分がある。それは、煙体験を第3次の「戻る」と結びつけて行うことにしたのである。子どもたちの様子を見ていると、消火器による体験は楽しみながら行っている様子が窺えた。同時にそれが、楽しみだけで終わってしまい、本実践の目的である、「いのちの避難訓練」に結

びつかない可能性を感じた。そこで，「も」について考えるときに，煙体験を行い，その体験の前後における意識の変容を授業の目玉とし，公開授業で発表する場面とした。そしてこの変更が，安全教育そのものの意味を問い直す，大きなきっかけとなったのである。その詳細については，後の「授業の実際」の項で述べたい。その前に，先ほどから述べている"煙体験"とは何かについて述べておきたい。

（5）煙体験とは

この体験は，主として火災の怖さを実感するために，消防署などで実施されるものである。狭い部屋に"スモークマシン"で無害の煙を発生させると，ものの数分で部屋に煙が充満する。私はこの"スモークマシン"を授業で使いたいと思い，池田市の消防署にお願いし，お借りすることができた。

公開授業の前日に，実際の公開授業の教室の向かいの教室を煙体験場所として，実験的に煙を充満させた。そして，私自身が体験してみたのだが，まさに一寸先も見えない状態で，中に入って歩くことに恐怖を覚えた。そして，思わずハンカチを出して口に当て，這うようにして教室の中を進んだ。這うと，床の木目がかろうじて見える程度だった。私は自分自身が体験してみて，あらためて大きな効果のある教材になると確信した。先にも述べたが，安全教育で肝要なのは，実体験に近い体験をどのようにさせるか，ということである。実際に体験すると，その怖さが身に沁み，安全な行動にも結び付きやすい。しかし，実際の火災現場に行かせるわけにはいかない。そこで，疑似体験，画像や映像，体験者の話などを教材として，実体験に近い体験をさせたいのである。

（6）授業の展開

表6-6に示したのが，公開授業で行った授業の展開である。

（7）それでも「戻る」と決断した子どもたち

公開授業は，私が担任していた4年生のクラスを対象として行った。

表6-6 「いのちの避難訓練」学習指導案(2010)

児童の活動と意識の流れ	指導上の留意点●
1．前時の振り返りをする。 ○避難訓練のときの様子を映像で見る。 ○感想を述べ合う。 ・煙に対しての行動は正しくできている。 ・少しふざけている。 ・もう少し離れて歩いたほうがいい。	●避難訓練に対する態度を実像で振り返らせることによって，「いのち」について考える場面に生かすようにする。
○「おはしも」が実践できていたかを確認する。 2．「も」(戻らない)について考える。 ○場面設定を聞く。 ○自分の行動を選択し，ネームプレートを貼る。 　　　・戻って助ける　・戻らない	●「も」については訓練では実践できないことに気付かせ，次の展開に結び付ける。 ●この時点では迷っている児童もいる。様々な意見を聞く中で，決断していけるようにする。
○選択した理由を発表する。 ・大切ないのちを救うべきだ。 ・自分のいのちを守るべきだ。	●決断することの必要性を話し，行動に移すことを促す。
3．もう一度，「も」について考える。 ○煙体験を行う。 ○もう一度ネームプレートを動かす。 ○選択した理由を発表する。 4．振り返る。 ○避難訓練に対する自分の姿勢や考えを記述し，発表する。	●体験を行うことにより，児童の考えは大きく変わるだろうが，変わらない児童の考えも共有する。 ○次時の避難訓練で自分が具体的にどのように行動するかを記述させる。

　授業の冒頭で，以前に抜き打ちで行った避難訓練の様子を映像で観た。子どもたちは，自分たちの避難訓練の様子を楽しそうに見ながら，「少しふざけている」「笑っている」などの感想を言った。そして私は，「避難訓練は必要か」と問いかけた。すると，39人のうちで，「避難訓練はするべきだ」という立場をとった児童は27人で，「避難訓練は必要ない」という立場をとった児童は12名だった。とくに，「必要ない」と言った児童の考えは，「言われたままにしているだけで，実際の災害時に役に立つとは思えない」という考えが多かった。そして，いよいよ体験の場面に入った。

第6章　いのちの教育と子どもたち

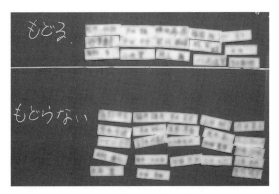

図6-5　「いのちの避難訓練」授業時の黒板（体験前）

> 火事です。火はまだそれほどでもありませんが、煙が立ち込めています。あなたは、大切で失いたくない（　　）を取りに「戻りますか」「戻りませんか」。

　私は黒板に、この文章を書いた紙を貼り、読み聞かせた。そしてまず、（　　）の部分、「大切で失いたくないもの」を個々に考えさせた。私はゲームなど、子どもらしさを感じさせるものを予想していたのだが、意外にも子どもたちは、「親」「兄妹」「ペットのカメ」など、いのちあるものを（　　）に当てはめていた。この時点ですでに子どもたちは、「火事とはいのちを奪う可能性のあるもの」として捉え、45分の授業の中で立ち向かおうとしているように私には感じられた。そして、自分の行動を判断、選択させ、黒板にネームプレートを貼りに来させた（図6-5）。
　「戻る」を選択した児童は15人、「戻らない」を選択した児童は23人だった。「戻る」という意思表示をした児童は、「大切なものを失いたくない」や、「まだ火は小さいから」という理由を述べた。この時点では、児童は火災に対する恐れは持たず、「大切なものを失いたくない」という道徳的な感情によって判断していると言える。
　そしてその直後に、スモークマシンによる煙体験を行った（図6-6）。煙をたいておいた別の教室に児童を誘い、教室の奥に置いた紅白の玉入れ用の玉を、

第Ⅲ部　これからの学校安全と安全教育にむけて

図6-6　「いのちの避難訓練」スモークマシン体験の様子

「大切なもの」に見立てて取ってくるよう指示した。子どもたちは不安そうな表情，興味津々の表情をしながら，前日に体験した私とやはり同じように，ハンカチを口と鼻に当てたり，ハンカチを持っていない児童も，何を言わずとも制服の袖を口や鼻に押し当てた。5人ずつ煙をたいた教室に入れたのだが，子どもたちは入るなりすぐに身をかがめ，小さくなって這うように前進していた。そして，奥まで行くことができずに途中で諦めてしまった児童もいれば，取ってくるべき玉を間違ってしまった児童もいた。しかし一様に，煙に対する感覚を変容させた様子が見られた。全員が煙体験をして教室に戻った。小さな声で口々にその衝撃や感想を言っていた。そして私は，もう一度聞いた。「戻る」か「戻らない」かと。

「戻る」と選択した児童は，体験前の15人から，6人に減った（図6-7）。「やっぱり無理だ」と感じた児童が大半だったのである。減ることは予想していたが，まだ「戻る」と意思表示した児童が6人いたことに注目した。理由を尋ねると，「あれぐらいの煙の量と距離なら，大切なものを助けに戻る。失いたくない」と答えたのである。

第6章　いのちの教育と子どもたち

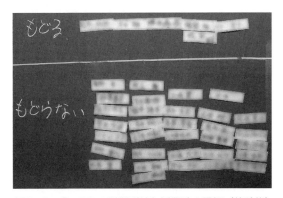

図6-7　「いのちの避難訓練」授業時の黒板（体験後）

（8）戻ってはいけないのか

　この授業は公開授業だったので，子どもたちの下校後に協議会が行われた。私が授業の趣旨やこれまでの学習の流れなどを説明したあと，協議に入った。そのとき，「広島県から来ました」と言われた年配の先生が，このような意見を言われた。

　「この授業は失敗だったのではありませんか。最終的に，6人の児童にも戻らないと指導すべきだったのではないですか。でないと，安全指導にならない」

　とてもありがたい意見ではあったが，これまでの典型的な安全指導観であると感じた。そこで，私の，安全教育に対する考えを，多くの参会者の方々に聞いていただくことにした。

　はたしてこの授業で，全員が「戻らない」と言うように指導すべきだったのだろうか。「戻る」と判断した児童は間違っていたのだろうか。それは，それぞれの児童が，火災に対する知識を学び，煙の体験から火災への恐怖を実感し，その上で下した判断なのである。その児童は，自己の「もっとも適切だ」と感じた判断で行動し，その結果，「大切で失いたくないもの」を失わずに済むかもしれないのである。「戻る」と意思表示した児童は言った。

　「あの煙だったら，息を止めてでも大切な妹を助けに行く」

157

この児童の思いに対して，だれも「間違っている」とは言えない。それでも「戻ってはいけない」と教え込むことが，はたして安全教育と言えるのだろうか。

「戻らない」という教えは，安全指導で行う。これは当然大切な教えであり，火災から身を守る上でのセオリーではある。実際に，火災や水難災害で，助けに戻っていのちを失った人も少なからずいる。しかし，それは個々の判断であり，その結果なのである。助けに戻ることができると判断し，大切なわが子のいのちを守り，幸せに暮らしている人も多くいるのだ。

これまでの安全教育は，セオリーを教え込むことに終始してきた。そのセオリーが現場で，いざというときに大いに知識として役立つことはあるだろう。しかし，東日本大震災をはじめ，これまでの多くの事件や災害は，「想定」では防ぐことができなかったのである。これからの安全教育は，そのとき，その場に応じて知識や体験を活用し，「もっとも適切な判断をすることができる力」を養うものでなければならない。感情や道徳的な判断だけで助けに戻り，子どもたちが将来，いのちを失うことになってほしくはない。一方で，「助けに戻ってはいけない」という教えを押し付けるだけでは意味がない。いのちを守る力は，たんなる知識ではなく，様々な場面に対応することができ，子どもたちの，生涯にわたる安全・安心を保障していくものでなければならない。

6 「いのちの笛 "たすけっこ"」（防犯）の授業
【小学校低学年対象】

（1）授業づくりの背景——奈良さんとの出会い

私が勤めていた大阪教育大学附属池田小学校（以下，附池小）では，入学式の前日に，入学してくる児童の引き出しケースの中に，文具など様々なお祝い品をセッティングする。その中に，毎年必ず入れるものがある。それは，小さな袋に小さな手書きのメッセージとともに入っている，黄色い笛である。毎年，遠く離れた青森県から送られてくるその笛は，軽くて小さくて，大きな音が鳴

るわけでもない。しかしその小さな笛には、大きな想いが込められているのである。

　その笛の送り主であり、製作者でもある人物とは、「日本たすけっこの会」会長、奈良哲紀さんである。奈良さんは2001年6月8日に発生した附池小の児童殺傷事件に心を痛め、何か自分にできることはないかと模索され、仕事で使用されている資材で余ったものを活用し、防犯笛を作ることを思いついた。そして「日本たすけっこの会」を立ち上げ、ご自宅を事務所兼作業場にし、奥様とお二人で、まさに手弁当で笛を作り続けた。当時は2人で自宅で始めたことだったが、現在では会も大きく組織化され、これまでに数多くの「たすけっこの笛」が全国の学校に送られている。

　私がはじめて奈良さんにお会いしたのは、2009年の8月だった。青森県十和田市に学会で訪れる際に、奈良さんと会うことになっていた。青森空港まで迎えに来てくださった奈良さんは、白髪が似合う温和な風貌の方で、初対面の握手をしたとき、まるで旧知の仲のような気がした。それが奈良さんの人柄なのだろう。

　奈良さんの自宅（日本たすけっこの会事務局）の作業場や、これまでのたすけっこの会の活動の歩みなどについて、多くのお話を聞かせていただき、「たすけっこの笛」にこめられた思いなどを理解し、大阪に帰った。

　私はそこで、はじめて、「たすけっこの笛」の意味、こめられた思いなどを知った。そのことを、子どもたちに伝えることによって、小さな笛により強い意味が出てくるのではないかと考え、「たすけっこの笛」の授業を作り、実践することにしたのである。

（2）授業づくりの視点

　ある日私は、1年生から6年生までのランドセルにつけられているはずの、「たすけっこの笛」の実態を調査した。1年生はほぼ全員がランドセルに「たすけっこの笛」をつけていたが、学年が上がるにつれてその数は減り、6年生になると、その割合は3割を切るような実態だった。

そしてもう一つ，子どもたちに聞き取り調査を行った。それは，「たすけっこの笛」について，どこまで知っているかということである。案の定，子どもたちの多くは，「たすけっこの笛」が毎年どこから送られてきて，どのような思いで作られ，だれが何をきっかけとして取り組みを進めてきたのかを知らなかった。それもそのはずである。じつは私たち教員が，そのことをあまり意識してこなかったのである。

　しかし，その笛にこめられた思いはとても大切なものである。笛は小さく，大きな音が鳴るわけでもなく，実際的な防犯上の有効性は小さいのかもしれない。しかし，遠く離れた土地に自分たちの安全を願う人がいて，その笛をランドセルにつけていることは，音以上の代えがたい何かがある。その"何か"とは，"私は守られている"という自己肯定感，あるいは"私のいのちを大切に思ってくれている"という自尊感情の高まりであり，それは，自らのいのちを大切に思う心へとつながるのである。そしてその心は，防犯のみならず，防災や，その他の生きていく上での諸問題に負けない，強くたくましい生きる力を醸成するのである。

　私は奈良さんに会い，あらためて「たすけっこの笛」の意義を知り，それを子どもたちに伝えていかなければならないと感じた。そして，「たすけっこの笛」を，あるいは遠く離れた青森から届けられる思いを形骸化させてはならないと思った。そこで，「いのちの笛 "たすけっこ"」の授業を考案し，実践することにした。実践の計画は壮大になり，青森から奈良さんをお呼びして，実際に子どもたちにお話をしていただくという計画になった。

（3）授業の展開
①自分を守ってくれている人（物）には，どんなものがあるかな
　最初に，身の回りにある人や物で，自分の安全を守ってくれているものを思いつく限り挙げさせた。ここで私が注目していたのは，「たすけっこの笛」のことが，子どもたちの中からどのような形で出るのか，ということだった。笛の存在が"自分たちの安全を守るもの"として出ることは予想されたが，何番

第6章　いのちの教育と子どもたち

目に出てくるのかで，その認識の強さは変わってくるし，また，どのような名称で出るのかに注目した。はたして子どもたちは，「たすけっこ」という名称を認識しているのかどうか，というところに注目したのである。そして，そこから次の展開へと結びつけていった。

②どうして笛をつけていないのだろう

　次の展開として，前述の，どのくらいの割合で，笛をランドセルにつけているのかという実態調査の結果を示し，笛をつけなくなった理由について考える活動を行った。その際に，笛を，自分たちにとってA『安全で安心』B『安全だけど不安』C『危険で不安』D『危険だけど安心』という4領域のいずれかにポイントさせ，なぜそこにポイントしたのか，その理由を記述する活動を行った。この4領域のポイント図は，『安全安心様相図』(6)という名称で，私が附池小の勤務時代に考案したものである。授業の前にポイントさせ，授業後にどのように児童の意識が変容するかを可視化し，その変容を客観的に見て取るために考案し，使用している方法である。

③黄色い笛について知ろう

　そしてここで，たすけっこの笛の実物を準備し，観察する活動を行った。そして，笛の名称，作った人，どこから運ばれてくるのか，ということを，笛の

（6）『安全安心様相図』（図6-8）は，安全教育の有効性を客観的に実証する手立てとして考案したものである。

　その授業に関連する質問を児童に与え，それぞれが思うところにポイントする。それは，ワークシートに個々にポイントする場合もあれば，黒板に模造紙で作成した『安全安心様相図』にネームプレートを配置させる場合もある。いずれの場合も授業前後に配置させ，授業によるその変容を見るためのものである。

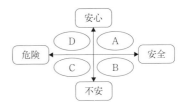

図6-8　安全安心様相図

（出所）松井典夫「安全科の授業における児童の「安全・安心」の様相の変容に関する研究」『日本セーフティプロモーション学会誌』第3巻第1号，2010年，pp. 62-66。

第Ⅲ部　これからの学校安全と安全教育にむけて

実物や，私が奈良さんとお会いしたときの写真などを見せて紹介した。
　ここでは，笛そのものと，奈良さんという人物を結び付けてイメージすることができるようにすることをねらいとしていた。
④奈良さんに話を聞こう
　そしてここで，子どもたちの前に奈良さんに登場してもらい，笛を作るに至った思い，苦労，願い，子どもたちへのメッセージを話していただく時間を持った。

（4）「たすけっこの笛」のもつ意味を知る
　2011年12月の授業当日。ゲストティーチャーとしてお呼びした奈良哲紀さんが附池小の校門の辺りに到着されたと聞き，私は坂道を下りて奈良さんを迎えに行った。そこには，お元気そうな，2年ぶりに見る奈良さんの姿があった。2人でゆっくりと，校舎の玄関に向かう坂道を上った。右手には，運動場が見え，その先には校舎が見える。それを見ながら奈良さんは，「ここで，ここで事件が起こったんだね」と，消え入りそうな声でつぶやいた。2001年に事件が起き，心を痛めて活動を始めた奈良さんだったが，この10年間，遠く離れた青森から，当校を訪れる機会はなかった。それでも10年間，「いのちの笛」を当校に送り続けてきたのだ。
　奈良さんには，授業の中盤で登場していただく予定だったので，それまで校長室で待機していただき，私は2年生の教室で授業を始めた。
　「①自分を守ってくれている人（物）には，どんなものがあるかな」で児童が挙げたものを，順番どおりに挙げると次のようになった。
　①親などの大人　②防犯ブザー　③電波バッジ　④友だち　⑤警察　⑥机など（地震発生時）　⑦ヘルメット　⑧こども110番の家　⑨緊急地震速報　⑩シートベルト　⑪黄色の笛　⑫立ち当番（登校安全見守りの保護者）の人　⑬先生
　児童は「自分を守ってくれている人や物」として13の項目を挙げ，そのうち11番目に「黄色の笛」，いわゆる「たすけっこの笛」が出た。やはり子どもたちの中では，笛の存在は薄くなっていることが窺えた。しかし，けっして笛は

「役に立たない」と思っているわけではなさそうだった。ここで「笛はみなさんの安全にとって」どうなのだろうという問いかけをして，先に述べた『安全安心様相図』にポイントをさせた。その結果，当日授業に参加していた児童36人中，A『安全で安心』のカテゴリーにポイントした児童が29人，B『安全だけど不安』が5人，C『危険で不安』0人，D『危険だけど安心』が2人という結果となった。ほとんどの児童が，防犯笛は『安全で安心』という認識をもっていることがわかった。

そこで，あらためて自分たちの「黄色の笛」がランドセルについているかどうかを各自が確かめたところ，21人が笛をつけていて，15人が笛をつけていないことがわかった。そして，②どうして笛をつけていないのだろうという疑問を投げかけた。子どもたちは，自分でもなぜだかわからない様子だった。出された考えは2つだけであり，一つは「防犯ブザーがあるから」であり，もう一つの意見は「使うときが少ない」というものだった。そして，③黄色い笛について知ろうの活動に移った。ここでは，黄色い笛を各班に配布し，よく観察させた。そこには，小さな字で"あおもり　たすけっこ"の文字が刻印されていた。青森とは，学校がある大阪府池田市からどのくらい離れているのかを確認し，そこで，附池小の事件にショックを受け，奈良さんが笛を作る活動を始めたことを紹介した。今まで，何気なく通学リュックに装備していた，あるいはつけていないことに無自覚だった黄色い小さな笛に対して，子どもたちは特別な思いを持った様子だった。

そして，④奈良さんに話を聞こうへと移った。まだ何も知らされていなかった子どもたちは，遠く離れた青森から，思いを込めて笛を作り続けている奈良さんご本人が登場したとき，とても驚いた様子だった。奈良さんと，一緒にたすけっこの笛を作る活動を行い，メッセージカードにそれぞれがメッセージを記入し，メッセージとともに笛を小さな袋に入れて「たすけっこの笛」を完成させた。この笛は，今度は逆に，附池小から青森の小学生へと送られる「いのちの笛」となったのである。

そして最後に，奈良さんのお話を聞いた。奈良さんは胸がいっぱいで，言葉

が出ない様子だった。そして，精一杯，黒板にメッセージを書かれた。
　"たすけっこは
　　いのちのふえです。おまもりです。
　　やさしさと思いやり　いっぱいつまった
　　心の笛です。"

第7章

本当の「安全・安心」に欠かせないもの
――笑顔で通える学校づくり――

1　子どもたちにとっての「安全・安心」とは

　本書ではここまで，事件や災害で失われたいのちや，傷つけられた人々が残した「教訓」をキーワードとして，学校安全，安全教育について述べてきた。とくに2001年6月8日に児童殺傷事件のあった大阪教育大学附属池田小学校（以下，附池小）においては，私自身が9年間勤務し，学校安全主任として，また全国唯一の「安全科」の最初の主任として，当校の学校安全に深く携わってきた経緯から，当校の事件にかかわる「教訓」を伝える意味が大きかったと言える。

　私がこれまで，様々な安全教育の内容を考案し，実践してきた中で構築しようとしてきた「有効な安全教育」とは，事件や災害の経験や，そこで失われたいのちが発しているはずの「教訓」を基盤とした「いのちの教育」である。これまでの思い込みや想定にとらわれた指導内容によらない，「そのとき，もっとも適切な判断をすることができる能力」をつけることが，安全教育の目的だと考えている。有効な安全教育の継続的な取り組みにより，安全に対する知識や技能，判断力のみならず，「私のいのちは守られている」「大切に思われている」という，自己肯定感の高まりが期待され，そのことが，「いのちを大切にする」ことに対する意識を高めていくのだと考えられる。

　しかしその中で，私はある衝撃的な現実を目の当たりにし，子どもたちにとっての安全・安心とは何なのかという，学校安全の根本を再考することになった。

第Ⅲ部　これからの学校安全と安全教育にむけて

　本章においては，学校現場における永遠ともいえる教育課題，"学級崩壊"と"いじめ"について正面から見つめなおし，学校安全と結びつく視点を持って述べていきたい。

2　子どもたちにとっての「本当の学校安全」に向けて①　"学級崩壊"について

（1）学級崩壊の実態

　学校教育の山積する課題の中で，教師が対応していかなければならない課題は，いじめ，不登校，学級崩壊，安全対策など，挙げればきりがないほどである。これらの課題を「抱えていない」学校は存在するのだろうか，と思えるほど，あってはならないはずの課題が一般的なものになっている。

　とくに学級崩壊やいじめについては，その問題に対応し，対処し，解決することが難しい。それは，「目に見えないもの」だからである。それが，今起きているのか，対応はうまくいったのか，事態は収束したのか，問題は解決したのか，明確な答えが得られないのである。

　また，原因も明らかではない。学級崩壊とは，学級経営がうまくいっていない状態，あるいは，うまくいかなかった結果であると言えるが，では，その原因は，担任の学級経営，指導力，授業力と関連があるのか。あるいは，一人の子どもの言動がきっかけとなって引き起こされるのか。その原因は特定できるものではなく，多様である。

　現に私は，授業力もあり，研究熱心で人当たりもよく，風貌も爽やかな好青年を思わせる男性教諭の学級が，まさに崩壊していく場面を目の当たりにした。

　はじめはほんの少し，「ねじが歪んだような」感覚だったのだろう。周りの私たちは，まだその歪みには気づいていなかった。担任教諭は，その小さな歪みにほんの少しの手を加えて修正しようとしたり，あるいは「大丈夫だろう」と，目を逸らせたりする。しかし，一度歪んでしまったねじは，毎日歪んだまま巻かれ続ける。周囲の目にも明らかなほど，その歪みが明確になったときに

は，もはやその歪みを修正することは不可能な状態であり，そのねじが歪んで入った木材そのものに，亀裂が入ってしまっている。これが，学級崩壊の状態ではないだろうか。

　学級がこのような状態になってしまったら，ねじを「新しく」するしかない。その瞬間を，私の元同僚の男性教諭は自ら決断した。決断せざるをえない瞬間に出会ってしまったのである。

（2）崩れた担任のプライド

　第6学年の12月。その学級のねじはすでに，誰の目にも明らかなほど歪んでしまっていた。担任は，当時40歳の中堅教員で，3人目の子どもが生まれたばかりだった。温厚な性格だが，子どもたちにとっては「おもしろ味」がなかったかもしれない。男子の一つのグループが，担任に反抗的になっていた。

　給食の時間のことだった。本来であれば，給食の準備は当番が行い，並んで個々に給食当番から受け取り，全員の準備が整うまで席に座って待つだろう。少なくとも，その担任の教室はそのようなルールになっていた。しかし，その反抗的なグループは，順番ぬかしをして我先にと給食を準備し，勝手に食べ，食べ終われば教室を出ていき，まだ誰もいない運動場で貸し切り状態の休み時間を謳歌していた。担任はもはや，注意することさえできなくなっていた。学級崩壊の末期の状態だった。

　そのような中，手をこまねいていることに，あるいは注意し，指導できなくなっていた自分に，担任のプライドは崩れ切ろうとしていた。その最後のプライドをかけて，ある日担任は，勝手に給食を食べ始めた反抗的グループの一人の男子児童を注意した。その男子児童の肩に優しく触れながら，「おい，食べるのはまだだろう」と，優しい笑顔で言った。すると，その男子児童は担任を睨みつけ，触られた肩のあたりを，まるで汚いものを払いのけるかのように手で払う仕草をし，教室を出ていった。

　その瞬間，担任の男性教諭の，教師としての誇りは音を立てて崩れた。その日の放課後，校長室で長時間，男性教諭と校長は話していた。男性教諭は，

「教師を辞めたい」と言ったのである。担任を下りたい，学校を変わりたいと言ったのではなく，教職を続けていく自信を失ってしまったのである。

先に述べたように，この教師には生まれたばかりの子どもがいて，家庭での生活もあった。そして結局，担任を下りて研修名目で学校を去った。

（3）学級崩壊はどのように立て直されるのか
「学級崩壊立て直し請負人」

最近，立ち寄った書店でこのような文言を冠にした書物を見つけた。私はその文言を見て，複雑な思いに駆られた。なぜなら，学級崩壊したクラスは，その担任以外であれば立て直すことが可能だからである。別の言い方をすると，学級崩壊したクラスからその担任（あるいは子どもたち）がいなくなる，あるいはクラスを変えるなど，そのクラスの何らかの成立要件を変えれば，学級崩壊は収束することが多い。

学級崩壊とは，学級という小社会の中において，人間同士（担任と子ども，あるいは子ども同士）が何らかの不満を抱え合い，その関係性の均衡が崩れた状態であると言える。これを私は，「ねじが歪んだ状態」と例えた。

学級崩壊を収束させるには，その歪んだねじを，多少強制的にでも抜いてしまい，新しいねじをあてがえばよい。新しいねじは，歪んで抜き去られたねじの跡を見て，同じ歪みを起こさないように，普通にさし，巻けばよい。

このとき，子どもたちは，新しいねじが何であれ喜ぶものである。それだけ，歪んだねじが辛かったのだ。新しいねじはどのような形であろうと，長かろうと短かろうと，子どもたちにとっては「新しいねじ」なのであり，受け入れようとする。

学級崩壊が起き，担任がいなくなった教室には，たいていの場合その学校の教頭や担任を持っていない教員が，臨時の担任としてその学級にかかわっていく。これで大抵の場合，事態はある程度収束する。しかしそのことは，前の学級担任の能力が低く，臨時で入った教員が有能であるということではない。

たしかに，指導力不足と言われる教員が少なからず存在することは現実であ

第7章 本当の「安全・安心」に欠かせないもの

る。学級崩壊を経験した子どもたちにとっては，その1年間は不幸なものとなる。そのようなことにならないように，大学における質の高い教員養成と，また，教師としての資質を見極める教員採用，そして学校現場での質の高い教員研修などを行うことも必要である。

しかしその一方で，学級崩壊という場面の「当事者」は，子どもたちでもあるという見方もしておくべきだろう。

（4）「加害者」をつくらない教育

たとえば一つの学級を，ある会社の一つのプロジェクトにかかわる30人程度のチームに例えるとする。この30人は，学級の子どもたちである。そのチームを統括するのは，役職の一人の年配者であるとする。これが，学級担任である。

最初は何事もなく，目標に向かって進んでいたチームだったが，あるとき，チームの一員である一人が，統括者への不満を口にしはじめた。そして，無意識にだが結果的に周囲を先導する形になり，統括者への信頼を揺るがせていった。そして，その不満が形となって表れるようになり，チーム内のルールや目標を崩し，いつしか統括者の指示にも耳を貸さなくなる。

これが，学級崩壊の状態である。

このままでは破綻しかねないプロジェクトの状況を重く見た会社は，信頼を失った統括者を更迭し，新しい統括者を入れた。

これが担任交代の状況だが，じつはこのとき，チームの成員は「いい気持ち」がしていない。まさか統括者が更迭されるとまでは望んでいなかったし，思ってもいなかったからである。

中には心底担任への信頼感を持つことができず（単純に言うと，心底担任が嫌いで），担任が変わればよいと思っていた児童もいるだろう。その一方で，昨日までの担任がいなくなり，交代させられたことを知ったとき，子どもたちは，自分たちがそこまでしてしまった，という，ある種の罪の意識を感じる場合もある。現に，急にいなくなってしまった担任を思い，先生は教師をやめてしまったのかと，涙を流す子どもたちを見てきた。そのような子どもたちを見

169

たとき，私は何となくほっとしたものだ。

　学級崩壊が進行している学級は，まるでその中に，「魔物」が住み着いてしまったような感じがする。そのようなことをする性格ではなかったような子どもが，何かにとりつかれたようにルールを破り，プロジェクトを崩すような行動をする。

　先に述べた，給食時に注意した担任の手を，汚いものにでも触れるかのように払いのけた子どもは，「そのような」子どもではなかった。学級の中に潜むようになった「魔物」がそうさせてしまった。

　しかし大切なのは，その行動はたとえ「魔物」がそうさせたのだったとしても，「いけないこと」であるという認識を，子どもたちには持たせることである。そのような教育は，学級崩壊の状態に陥っている学級で行うにはすでに遅い。すでに魔物に支配されてしまっている学級で，ルールを守りましょう，などといっても，子どもたちの耳には入らないだろう。その教育は，日常的に行われなければならない。その教育の視点として，「人（友達であれ，教師であれ）を傷つけることの罪悪」を，「いのちの教育」として子どもたちに伝えていくことである。いじめでいのちを失った子どもや，学級崩壊で心身ともに傷ついた子どもや大人の例を直接的に紹介し，学ぶ機会を持つことである。魔物に支配されていない子どもは，同情し，悲しみや苦しみを理解し，「それはいけないことだ」という感覚が醸成されていくだろう。そのような教育を，学校を上げて根気よく行っていくことが，将来の「加害者」をつくらない教育なのである。

　そして「安全・安心」な学校とは，防犯や防災に配慮されているのみならず，一人一人が「笑顔で」，不安なく通うことができる学校であるべきである。

　笑顔で，不安なく通うことができなくなる学校の要因として，これまで述べてきた学級崩壊と並び立つ長年の大きな課題として，"いじめ"の問題がある。次節では，安全教育の視点からいじめ問題に言及し，安全教育として行った，「いじめといのち」の授業実践を紹介したい。

3　子どもたちにとっての「本当の学校安全」に向けて②　"いじめ"について

（1）「いじめといのち」の授業『Smile School』に取り組んだきっかけ
「安全科では，いじめの問題には取り組まないのですか」
2012年の附池小の研究会で，私が火災に関する公開授業「いのちの避難訓練」（第6章参照）を行い，その後の協議会で参会者の方が私に発した質問である。

当時，附池小は「安全科」が発足して注目されていたが，同様にこの時期は，4か月ほど前（2011年10月）に発生した，大津市中2いじめ自死事件が，世間で大きな話題になったときでもあった。

私はこの質問を受けたとき，一瞬，虚をつかれたような思いがした。このときはまだ，防犯や防災の実践や授業づくり，安全教育のカリキュラムづくりなどを中心に取り組んでいた時期であり，"いじめ"と"安全"が結びつかなかった。

またその一方で，2009年に「安全科」を発足し，2010年にはWHO International Safe Schoolとして日本ではじめての認証を受け，学校安全の先駆として，事件の経験を基に学校安全に取り組む自分たちが，「いじめ問題」に向き合わないわけにはいかないだろうという思いも生じた。

それから日が経ち，あるとき，附池小の校長，佐々木靖先生が言った言葉で，私は大切なことに気づかされた。

「守られる子どもを育てるだけではなく，人を守ろうとする子，人を傷つけない子どもを育てなければならない」

附池小は，本書の中で幾度も触れてきたように，2001年6月8日に発生した児童殺傷事件を契機として，学校安全の取り組みを進めてきた。その根底には，「子どもたちを守る」という強い意識が存在しつづけていた。

しかしそれは一方で，「守られて当然」の子どもたちを育ててこなかっただ

ろうか。

　附池小は事件のあと，国内有数の，いや，世界にも誇るセキュリティーをもった学校となり，マスコミからも注目されてきた。

　そのような学校で，学級崩壊やいじめ問題の実情を見ながら，強く自省しなければならなかった。「人を守る，助けようとする，人を傷つけない子どもたち」を育てようとしてきたのだろうかと。

　そして私は，2014年，小学校教員として最後の研究授業として，「Smile School～いじめといのち，未来に向けて考えよう～」という実践を考案し，行うことにした。

（2）「いじめ追跡調査」（国立教育政策研究所）の解釈について

　授業を作るにあたって，まずはいじめに関する様々な文献，資料にあたった。その中で私は，国立教育政策研究所（以下，国研）が行っている「いじめ追跡調査2010-2012」に着目した。

　この調査では，これまでになかったような視点で，「いじめの実態」に関する調査報告がされている。いじめに関する新しい視点とも言えるものである。その「視点」について述べておきたい。

　この調査は，自記式質問紙調査法といい，子ども自らが記述を行う方法を用いて行われている。この調査の特徴は，「同じ内容の調査を繰り返すことで数量的な変化を経年的に追えるという点」にあり，「児童生徒の発達や変容の過程も追えるよう，匿名性を維持しつつ個人を特定できるよう設計されていることで，いじめに関して語られることの多い言説の真偽を検証できるようになっている」（文部科学省国立教育政策研究所　生徒指導・進路指導研究センター「いじめ追跡調査2010-2012　いじめQ&A」2013年7月）ということである。要するに，経年調査の中で，どの子がどのように記述したかわかるようになっているのである。そのことによって，「いじめに関して語られることの多い言説の真偽」を明らかにすることができるということである。ここで言う「いじめに関して語られることの多い言説の真偽」とは，「いじめっ子」「いじめられっ子」

第7章 本当の「安全・安心」に欠かせないもの

は存在するのか、ということに他ならない。

　本調査は、様々な要件（大都市近郊、住宅地や商業地、農地等）を域内に抱える地方都市を選び、その市内の全小中学校に在籍する全児童生徒を対象とした調査を継続的に15年間行ってきた。

　この調査で取り上げたのは、2010—2012年の計6回の調査結果の分析やデータであり、中でも中1から中3までの「仲間はずれ・無視・陰口」のデータである。これは、その項目に対して「週に1回以上」「月に2～3回」「今までに2～3回」「ぜんぜんなかった」のいずれかで回答する調査結果であり、どのように推移したかを追跡的に調査した結果である。

　その結果、国研は「被害経験者は入れ替わっている」という提言、いわゆる「いじめられっ子は存在しない」という提言をしたのである。実際にデータを読んでいくと、「仲間はずれ・無視・陰口」の被害経験において、中1の6月の調査では「週1回以上」というもっとも深刻な被害経験を訴えた生徒が84人いた。そして、同集団の中1の11月の調査では、「週1回以上」被害経験を訴えた生徒は73人である。さらに、同集団が中2の6月になったときの調査では、「週1回以上」が46人となっている。数だけとらえると「減少した」という解釈になるだろう。しかしその詳細を見ると、中1の11月の73人のうち、中1の6月から引き続き「週1回以上」の被害経験を訴えた生徒は29人であり、他の44人は他のカテゴリー（月に2～3回など）から「移動」してきた生徒なのである。中でも、「移動」してきた44人のうちの16人は、中1の6月の時点では「ぜんぜんなかった」というカテゴリーにいた生徒たちなのである。したがって、5か月前までは、まったく「仲間はずれ・無視・陰口」の被害に遭っていなかった生徒たちが、この5か月で、しかも「週1回以上」という深刻さで被害に遭うようになっているのである。

　また別の見方をすると、中1の6月には84人いた「週に1回以上」の被害者の中で、中1の11月、中2の6月と、1年の間「週に1回以上」の被害に遭った生徒は13人となっており、最初の84人のうち71人は、深刻な被害は免れるようになっているのである。

173

これが，被害者は「入れ替わって」おり，「いじめっ子」や「いじめられっ子」は存在しないという見解の根拠となっているのである。

(3) 学校現場におけるいじめの実態把握

「いじめっ子」や「いじめられっ子」は存在せず，被害者と加害者は入れ替わっているという分析は，これまでのいじめの概念を覆す画期的な解釈であった部分もある。しかし重要なのは，この調査結果や分析がもたらす解釈を，学校現場がどのようにとらえ，どのような具体的な教育活動にしていくのかということなのである。そうでなければ，この調査結果の見解の受け取りようとして，「いじめっ子」も「いじめられっ子」もじつは存在せず，その被害者と加害者が入れ替わるような複雑な事象に対して，学校や担任がその実態を把握し，対応し，対処していくことは非常に困難なことであり，不可能なのではないか，という考えに陥りかねない。

現に，いじめが原因であろうととらえられる，生徒の自死の事件では，学校や教育委員会のコメントとして，「いじめの実態は把握していなかった」というものが多く見受けられるのである。

自死という最悪のケースまで至らしめるような凄惨ないじめの実情を，学校や教師が把握できていなかったという現実は直視していかなければならない問題ではある。しかしその一方で，この点に関しては，いじめというものそのものの構造を考えたとき，斟酌するべき部分もある。

生徒本人が，自分が「いじめを受けている」ことはある種の「辱め」だと認識している可能性があることを理解しておく必要がある。いじめを受けている自分を親や先生に見られたくないという心情は，理解できるものである。これは，信頼する先生や愛する親に対してであれば，なおさらなのではないだろうか。

また，いじめが拡大し，自死にまで至ってしまうケースは「中2」の前後が多い。これは，思春期，あるいは「自我の芽生え」と関連があるとは考えられないだろうか。「このような自分でありたい」という自我への願いとは正反対

の,「いじめられている自分」は,自分自身さえも目を背けたくなる自分なのであり,最悪の状況に至るまで,誰にも言いたくない自分なのである。

「いじめられていると感じたら,まわりの大人や信頼できる人に相談しましょう」という教えをよく聞く。それはたしかに正論ではあるが,実現性の低いものであり,有効な教育とは言えない。

「いじめはいけないことです」「いじめはやめましょう」という言葉は,教室で上滑りしている。

そこで,「Smile School～いじめといのち,未来に向けて考えよう～」の実践を次に紹介したい。先に,「重要なのは,この調査結果や分析がもたらす解釈を,学校現場がどのようにとらえ,どのような具体的な教育活動にしていくのかということなのである」と記した。「いじめっ子」や「いじめられっ子」は存在せず,被害者と加害者は入れ替わっているという分析を利用して授業を組み立て,いじめ問題について考えるきっかけを作るのも,一つの方法である。しかし,「Smile School～いじめといのち,未来に向けて考えよう～」の実践では,その調査結果を別の角度から解釈して使用した。それは,いじめっ子やいじめられっ子の存在以前のもっとも根幹にある,「いのち」をその調査から見出し,活用したものである。

(4)「Smile School～いじめといのち,未来に向けて考えよう～」
「されたこと」と「したこと」

6年生を対象に行った「Smile School」の実践では,最初にアンケート調査を行った。アンケートの内容は,「ア・仲間はずれにされたり,むしされたり,かげで悪口を言われた」「イ・からかわれたり,おどされたり,悪口や,いやなことを言われた」「ウ・軽くぶつかられたり,遊ぶふりをしてたたかれたり,けられたりした」「エ・ひどくぶつかられたり,たたかれたり,けられたりした」「オ・お金やものをとられたり,こわされたりした」「カ・パソコンや携帯電話で,いやなことをされた」という6項目からなり,それぞれの項目に対して,「一週間に何度も」「一週間に一回ぐらい」「一ヵ月に二,三回ほど」「今ま

第Ⅲ部　これからの学校安全と安全教育にむけて

でに一，二回ほど」「まったくない」の5件法で答えるものである。これは，先述の国研による「いじめ追跡調査」で行われているアンケート項目に，私が加筆修正したものである。このアンケート調査は，「されたこと」として調査すると同時に，各項目の語尾を変えて，「したこと」としての調査も行った。たとえばアの項目であれば，「仲間はずれにされたり，むしされたり，かげで悪口を言われた」の語尾の「された」「言われた」を「した」「言った」に変えるなどである。

　このアンケート調査の結果を分析していると，予想とは少し様相の違う結果が現われていることに気づいた。私の予想では，「されたこと」の人数が，「したこと」の人数を明らかに上回るのだろうと考えていた。現に授業の中で，このようなことがあった。

　「Smile School」の実践の1時間目に，私はカード型の付箋を児童一人あたり5枚ずつ配布した。そして，いじめに関する授業を行っていくことを言ったうえで，"今までに「されたこと」を思い出して付箋に書き，黒板に貼っていきましょう"と伝えた。最初は戸惑っていた子どもたちだったが，次第にその書きぶりは加速していき，5枚の付箋はすぐになくなり，何枚も追加で取りに来る児童が続出した。そして，瞬く間に黒板は，子どもたちの「されたこと」でいっぱいになった。

　そして「Smile School」の2時間目にあたる次の時間。1時間目と同じように5枚の付箋を配り，「されたこと」に対して，同様に「したこと」について書き，黒板に貼るように伝えた。案の定，しばらく子どもたちは動かなかった。少しずつ書き，前に貼る姿が見られたが，黒板を埋める付箋の数は，「されたこと」のときの半分にも満たなかった。これは予想していたことであり，ねらいでもあった。「されたこと」はよく覚えていて，訴えたくなるが，「したこと」は無自覚，あるいは知られたくないことなのだという実感を持たせたかったのである。

　したがって，先のアンケート調査の結果は，とくに「一週間に何回も」の人数比は，「されたこと」が「したこと」を明らかに上回るだろうと予想してい

第7章 本当の「安全・安心」に欠かせないもの

たのである。

しかし実際には,「されたこと」と「したこと」の人数比は目立って偏りのある結果にはならなかったのである。このことから,2つのことを想像することができた。一つは,付箋に書いて黒板に貼るときには正直に言うことができなかったが,アンケート調査では「したこと」に関して正直に答えることができたのだということ。もう一つは,「自覚して」いじめにつながる行為をしているのだということである。無視している,かげで悪口を言っていると自覚して行っているということである。これは,「したこと」をばつが悪そうに隠すことよりも深刻な問題であると感じた。

そこには,別の「無自覚」がある。相手の「傷」が見えないという無自覚である。その気づきが,他者への態度を変容させるのだという考えのもと,「Smile School～いじめといのち,未来に向けて考えよう～」の公開授業の日を迎えた。

それぞれのいじめの定義

2014年の2月。私にとっては小学校教師として最後の研究授業となる,「Smile School」の授業は,研究会の公開授業で行った。多くの方が見に来られ,参会者は教室から溢れ,廊下からも溢れ,左右の2教室もいっぱいになり,そこのモニターで多くの人が授業を見る形となった。

前時までの1,2時間目に,「されたとき」の危機対応と,「したこと」に対する認識を深める学習を行っている。(1)

「されたこと」と「したこと」を個々に挙げさせたときに感じられたのは,「した」行為に対する罪悪感の低さだった。また,「自分は強いから大丈夫」(いじめられない),「いじめは普通」といった声も聞かれた。児童の内面では,「いじめ」というものを現実的な出来事として認識できていない様子がうかがえた。

そこで公開授業のこの時間のはじめに,「いじめ」を個々に定義する活動を行った。文部科学省によるいじめの定義とは,「児童生徒に対して,当該児童生徒が在籍する学校に在籍している等当該児童生徒と一定の人的関係のある他

177

の児童生徒が行う心理的又は物理的な影響を与える行為（インターネットを通じて行われるものも含む。）であって，当該行為の対象となった児童生徒が心身の苦痛を感じているもの」（2014年時点）となっている。

　そして，個々の児童に「いじめとは，～である」というワークシートの，「～」の部分に言葉を書き入れさせた。ここで書かれた，子どもたちにとってのいじめの定義は以下のようになった。

　いじめとは，「してはいけないこと」「されている側がいやがることをすること」「無視や陰口のこと」「人を傷つけること」。

　そして，大津の男子中学生のいじめを苦にした自死事件などの影響もあるのだろう。「いじめとは，いのちを失う可能性があるものである」という考えを持つ児童もいた。また，いじめとは，「なくならないものである」や「されている方にも原因がある」という考えも出た。ここでは，全ての考え方を認めた。そして授業の出口では，いじめに対する個々の考え方が変容し，その重さを実感することを目標とする45分間を開始した。

いじめつづけられる「ただ一人」への注目

　次に，データを読み取る活動を行った。使用するデータは，先の国立教育政策研究所の「いじめ追跡調査2010-2012」（図7－1）を，児童が読み取りやす

（1）　いじめにおける教育的施策としては，『いじめ防止対策推進法』第3章基本的施策（学校におけるいじめの防止）第15条において，「…（略）…，全ての教育活動を通じた道徳教育及び体験活動等の充実を図らなければならない」と記されている。一般的には，今後道徳の時間におけるいじめを題材とした学習や，生活指導におけるいじめ対策指導の充実が図られていくだろう。そこで行われる教育内容は，道徳的心情の育成や，いじめが起こったときの対応が主となる。それに加えて安全教育として取り組む学習内容として，「危機対応」と「態度育成」の2点が考えられる。「危機対応」の学習とは，いじめを受けたりいやな思いをしたときの相手，あるいは自己に対する対応の方法を考え，思考する中で体験的に学び，危機対応の経験を蓄積する学習である。「態度育成」は，友達にいやなことを言ったりしたりすることは，友達（の心，いのち）を傷つける行為であることの理解と，自らも加害者となる（である）ことの認識を深め，人を傷つけない態度を育成することを目標とする学習である。

第7章 本当の「安全・安心」に欠かせないもの

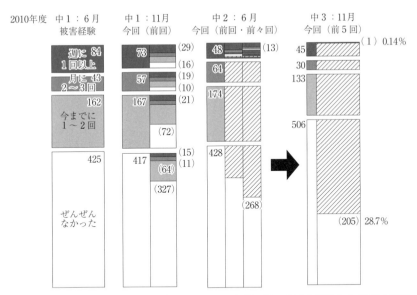

図7−1 2010年度中学1年生の「仲間はずれ・無視・陰口」被害経験の3年間の推移
（注）単位は「人数」。なお，図中の斜線部分は内訳を省略したことを示す。
（出所）国立教育政策研究所「いじめ追跡調査2010-2012」2013年。
https://www.nier.go.jp/shido/centerhp/2507sien/ijime_research-2010-2012.pdf （2016年11月11日閲覧）

いよう，私が改変したものである。日常的になじみが深く，また，知らないうちに人を傷つけてしまう可能性のある「仲間外れ・無視・陰口」に特化したもので，2010年度に入学した中学1年生が中学3年生になるまでの3年間でどのように被害に遭うのかを，追跡的に示したものである。3年間6回分のデータが揃っている生徒（714人）を対象としている。

先にも述べたが，このデータの分析観点は幾通りかある。まず，中1の6月と11月を見比べる。週に1回以上の被害経験を訴える生徒は，84人から73人に減少している。クラス替えも行われていない時期で，クラスも落ち着き，いじめが減少したと読み取れるだろう。しかし，中1の11月の右側の数字（前回）を見たとき，6月から引き続き被害を訴えた生徒は29人である。44人（73−29＝44）は，11月になって新たに被害を訴えているのである。また，「ぜんぜん

179

なかった」と回答している生徒は425人（中1：6月）と417人（中1：11月）で，若干減少したがほとんど変わらない。そこで，少しずついじめは減少していると受け取りたくなる。しかし，右の数値を見ると，引き続き「ぜんぜんなかった」のは327人であり，新たに「ぜんぜんなかった」と回答したのは90人（15＋11＋64＝90）である。また，6月に「ぜんぜんなかった」と回答した生徒と同じ生徒は327人であり，98人（425－327＝98）が，11月になって新たに被害経験を訴えているのである。

　これらの読み取りの活動を行ったところ，個々の読み取りでは「前回」や「前々回」の数字に注目して裏側を読み取るところまではいかず，「週に1回以上がどんどん減っている」「中学校3年になると，いじめは減っていく」といった読み取りに終始した。

　しかし，このデータの読み取りの目的はたった一つであった。先にも述べたが，この分析結果から，国研は「いじめっ子やいじめられっ子は存在せず，入れ替わっている」という分析結果を提示している。だがこのデータをよく見ると，驚くべきことに気づかされた。中3の11月。計6回の調査の最終回に，そのもっとも右側に（1）0.14％と書かれている。これは何を意味するのかというと，調査開始の中1の6月から，最終回の中3の11月まで，1度も「入れ替わる」ことなく，仲間はずれ・無視・陰口が「週に1回以上」であるという被害経験を訴え続けた生徒が全体の0.14％である，一人いたのである。この一人のことを分析結果とせず，「入れ替わっているからいじめっ子やいじめられっ子は存在しない」という考え方は，学校社会に存在しつづけるいじめという事象に対して，何の慰めにもならず，教育的でもない。この（1）という部分に目を向けることができるよう，データの読み取りの活動を続けた。

　その際に，中1：6月と中1：11月を例に全体で読み取りを行い，「84人から73人に減っている」「クラスが落ち着いてきたから」という児童の意見を取り上げ，「違う見方はできないだろうか？」と問いかけた。

　「"前回"の数字に注目したとき，29人は前回から引きつづき被害経験を訴えている」や「44人（73－29）は，11月になって，新たに被害経験を訴えてい

第7章 本当の「安全・安心」に欠かせないもの

る」という読み取りが出始めた。子どもたちの中で，「いじめは減っている」から，「新たにいじめを感じている人の存在」という方向に，意識が転換しはじめていた。そして，中3：11月の，（1）という数字が表す，「3年間被害経験を訴えつづけているたった一人の中学生」に注目した子どもたちは，「3年間もの間，毎週「仲間外れ・無視・陰口」をされ続けたら，自分ならどうなるだろう」「この人は，学校に通い続けることができたのだろうか」ということを想像しはじめた。そして，「たった一人」の苦しみつづけたであろう中学生に注目した中で，別の「たった一人」の中学生に目を向け，いじめの悲惨さの一つの象徴的な例へとつなぎ，いじめに対する認識の変容をはかるべく，「ある一人の中学生」のことを話した。

大河内清輝くんの事件から

　ここでは資料として，過去に公開された，いじめを苦に自死した男子中学生の手記を扱った。その取り扱う資料として，1994年11月に愛知県で発生した，大河内清輝くんのいじめ自死事件を扱うことにした。⁽²⁾

　大河内清輝くんは，両親と3人兄弟の次男であり，まじめでおとなしい優等生（学年で10番の席次）だったという。小学校6年生ごろから遊び仲間だった数人（主犯4人を含む11人）からいじめを受けはじめ，中学に入ってからそのいじめはひどくなっていく。とくに大河内清輝くんを苦しめたのは，10回以上に渡って繰り返された金銭の要求である。総額で114万200円（大河内清輝くんの遺書に記録）であり，ゲームソフトを売ったり散髪代を浮かせたり，親の財布からお金を抜いたりして捻出していた。最後に数万円を要求され，死を決意したと思われる。

　大河内清輝くんは，B5版のノート13枚に渡って遺書を記し，自宅裏庭のカキの木にロープをかけ，首を吊って自殺した。姿の見えなくなった息子を探していた母親が発見した。

（2）　事件に関する以下の記述については，下記の文献を参考にした。
　　加藤芳正『なぜ，人は平気で「いじめ」をするのか？——透明な暴力と向き合うために』日本図書センター，2011年，pp. 37-41。

授業では，まず大河内清輝くんの受けたいじめの実態を知らせる。

「たった一人の子が，このようないじめを受けつづけた例がある」という投げかけで，その実態を知らせた。

中1

・かばんを隠される。

・自転車を何度も壊される。

・現金（数百円から数千円）をせびられる。

この時点で，子どもたちの中から「いじめだ」という声が聞かれた。「えー」という驚きの声も聞かれた。私は続けた。

中2

・グループから，授業で手を挙げることを禁止される。

・机に「死ね」と書かれる。

・毎日のように殴られる。

・女子トイレに入らされる。

・1度につき，万単位で金銭を要求される。（10回以上に渡る）

・たばこの火を体に押し付けられる。

・同級生の家に，盗みに入らされる。

・川で，顔を無理やり水中に押し付けられる。

・音楽の時間の歌のテストで，歌わないことを強要される。

中2のはじめのあたりは，驚きの声や，かわいそう，というつぶやきが聞かれたが，次第に子どもたちは声を失っていった。私は，「次から日付が入ります」と告げ，先へ進んだ。子どもたちは，何か恐ろしいものが待ち受けていそうな予感から身を守ろうとするように，息を潜めていた。

・7月25日　剣道の初段の検定料だと偽り，祖母から7000円をもらい，友だちに渡す。

・7月26日　金銭を要求され，漫画数十冊とゲームソフト十数本を売却。（祖母に買ってもらったゲームソフト2本だけは，「これだけは売らない」と日記に書き，実際に売らなかった。）

・8月16-17日　京都，奈良への家族旅行に行く際，グループに「人数分の木刀を買ってこい」と言われ，木刀を買う。
・8月18日　買って帰ったおみやげの木刀で殴られる。（跡が残らないように腹を中心に，木刀が折れるまで殴られる。）
・9月21日　体育館で，下半身を下着姿にさせられる。
・11月26日　祖母の財布から1万2000円を抜き，グループに渡す。
・11月27日　午後1時半頃，「勉強しにいく」と言って自転車で外出。途中，グループに遭遇し，「金をとってこい」と要求される。自宅に戻り，数千円を持ってグループに渡す。「これでは少ない。もっと取ってこい」と言われ，再び自宅に戻る。午後3時ごろ，同級生がOくんを見かけて声をかけたが，自転車に乗ったまま振り向かず，手を振ってこたえて去って行った。
　　　夜，「友だちの家へ行く」と言って家を出たまま戻らなかった。

　そこまで読んだところで止めた。子どもたちは，沈痛極まりない面持ちで私を見ていた。そして私は1枚の紙を出し，自死した大河内清輝くんの遺書を読んだ。
　"これから生きていても……。""もっと生きたかったけど……。""僕は，旅立ちます。""まだやりたいことがたくさんあったけど……。""また，会えるといいですね。"
　読んでいる途中，一人の子どもと目が合った。その子は，私が読む原稿を凝視しながら，目から大粒の涙をあふれさせていた。机に突っ伏して泣く児童もいた。そんな子どもたちを見ながら，私自身が読んでいる最中に何度も声を詰まらせた。
　子どもたちの中で，「いじめといのち」が結びついたことだろう。
　そして，再度いじめの定義をさせた。"いじめはいのちを奪うものだ"など，そこには授業の入り口とは違う，「いじめといのち」が結びついた言葉がいくつも出た。また，学級には実際にいじめを受けて苦しんでいる児童もいる。その児童が，自分自身の姿と大河内清輝くんの自死を結びつけて終わってはなら

ない。授業のいじめの定義を見て，回りの友人たちが，いじめに対する態度や認識を変容させる姿を見て，安心感に結びつけてほしいと願った。

そして，やはりこの授業も，本書の骨子である「教訓」からの学びなのである。いじめが原因で自死という最悪の事態にまで発展し，"まだやりたいことがたくさんあったけど"死を選んだ子どもたちが現実にいるのである。しかし，事件や事故，災害にかんする心理の常として，明日わが身に降りかかるものとは考え難い。そこで，実際に悲しい思いをした過去の教訓から学ぶことによって，「実体験に近い体験」をすることが大切であり，その積み重ねが「いのちの大切さ」を実感する子どもを育むのである。

「Smile School」の実践は，「いじめ」の授業という意味があるのみならず，いじめによって生じた悲しい教訓を基にした，「いのちの教育」なのである。

終　章

「私は，子どもたちのいのちを守ることができる教師になれるのでしょうか」

1　附属池田小学校への訪問――いのちを守る教師になるために

（1）訪問のきっかけ

　2015年6月30日。私は，勤める大学の教育学部で教えている6人の学生とともに大阪教育大学附属池田小学校（以下，附池小）を訪れた。それは，この章の標題にある言葉，「私は，子どもたちのいのちを守ることができる教師になれるのでしょうか」と，涙を流しながら私に問いかけた学生（後出のSさん）の言葉がきっかけだった。

　そして，その言葉は私が言わせてしまったものだった。

　2015年6月8日。附池小の児童殺傷事件から14年目のその日に，私は附池小の教員としてではなく，大学の教員としては2回目の，「祈りと誓いの集い」に参加した。第1章にも述べたように，「祈りと誓いの集い」とは，事件後から毎年6月8日に開かれる集いである。「祈り」は，事件で亡くなった8人の児童への「祈り」であり，「誓い」とは，2度とこのような事件は起こさず，学校の安全を守っていきます，という「誓い」を意味する。

　その2015年の「祈りと誓いの集い」に参加した2日後の，私が担当する授業の講義の直前のことだった。一人の学生（Sさん）が私のところに来てこう言った。

　「この前の先生の授業，『いのちのバイスタンダー』で，私は心打たれました。同時に，私はいのちの現場で，一体何ができるだろうと自分に問いかけるうちに，教師になることが不安になってきました」

その数日前に私は，附池小で実践してきた，一次救命処置を題材にしていのちの大切さを実感させることを目的とした，「いのちのバイスタンダー」の授業（第6章参照）について，講義の中で話した。Sさんは，そのときのことを言っていたのである。
　切迫したような表情で私に訴えかけるSさんに，どのような言葉をかければよいのか逡巡しているうちに，授業開始のチャイムが鳴ってしまった。何かが引っかかったような気持ちのまま，授業の開始を迎えた。
　その授業は，学校安全に関するものではなかったのだが，教育学部の1回生全員が受講している授業で，120人ほどが出席していた。14年目の「祈りと誓いの集い」に参加した直後ということもあり，私の気持ちは学校安全やいのちの教育というものに対して高ぶっていたのだろう。そして，何より，Sさんの表情や言葉がきっかけとなり，教職を志す学生たちに，「伝えなければならない」という衝動に駆られた。私はその90分の講義で，附池小で起きた事件のこと，自分自身が学校安全の取り組みに邁進することになった理由，安全教育のことなどを話し，附池小の不審者対応訓練（第1章参照）のビデオを見せるなどした。
　学生たちは，静寂と集中の中で，90分の講義を聞いていた。
　その翌日のことだった。その講義を受講していた1回生の2人の学生が，私の研究室に来た。一人目はSさんだった。Sさんは，感極まって涙を流しながら，実際に附池小に行って，事件の現場に行き，子どものいのち，教師という職業について，しっかり考えたいと言った。Sさんは，後に書かせた「附属池田小学校訪問記録」の「1．きっかけ」の中に，以下のように記している。
　"教職表現力演習で，松井先生の「いのちのバイスタンダー」の講義を受け，はじめて授業中に涙が出た。そしていのちに対する考えがガラリと変わった。ただただいのちの重さ，怖さ，また「教師になった時，子どもを守れるか」という教師になることに対しての恐れが生まれた。池田小事件のことも大学に入って耳にすることも増え，考えることが増えた。実際に学校に足を運びたいと思った。"

終　章　「私は，子どもたちのいのちを守ることができる教師になれるのでしょうか」

　もう一人，研究室を訪れてきたのはTさんだった。Tさんは私の講義を聞き，家に帰って母親と話したそうだ。Tさんが，事件のことや，教師は子どもを守らなければならないと母親に話すと，Tさんの母親はこう言ったそうだ。
　「学校の児童にも保護者がいるように，私にとってはあなたが子どもだから，児童のいのちを守ることであなたのいのちを落とすようなことはしてほしくない」
　そしてTさんもやはり，実際に附池小に行ってみたいと言った。Tさんはきっかけについて，記録に以下のように書いている。
　"私が池田小学校に行きたいと思ったきっかけは，松井先生に見せていただいた附属池田小学校で行われている不審者対応訓練のビデオでした。そのビデオでは，6月8日の「祈りと誓いの集い」の映像もありました。それを見たときに，何とも言えぬ気持ちになりました。私は，松井先生の安全の授業を聞く中で，教師はいのちを懸けて子どもを守らなければならないと今まで以上に思うようになっていました。そしてそのことから，自分は本当に子どものいのちをあずかる教師になれるのだろうかと不安になりました。そんな気持ちがあり，実際に附属池田小学校に行ってその場に行かないとわからないと思ったのが訪問のきっかけです。"
　私は，このような思いを抱いた学生はこの2人だけではないのだろうと思った。そして，私が思っていた以上に，衝撃が強かったのだろうと実感した。同時に，私の話に衝撃を受け，「いのちを守る」教師になろうと，悩みながら真剣に考えることは，教師になるための大切な資質であると感じた。この機会に，何か大きなものを得てほしいと私は考え，学生たちを附池小に連れていくことに決めた。
　この一連の流れを，附池小の佐々木靖先生に話し，訪問の許可を願うと，「それはショックを受けたのだろう。学校に来て，子どもたちのかわいい笑顔に触れたらいい。そして，事件については私が話し，現場となった場所も案内しよう」と言ってくださった。
　一つ予想外だったのは，私の「安全科の授業も見学させてほしい」という願

いに対して，私が授業するように言われたことだった。久しぶりに，安全の授業を考え，実践する機会をいただいた。

そして，2015年6月30日。私は6人の学生を連れて，附池小を訪問した。

(2) 校長室の遺影

附池小の校長室には，事件で亡くなった8人の児童の遺影が飾られている。小学校1年生，2年生でいのちを奪われた子どもたちのその遺影は，ずっと幼いままである。その遺影には，子どもたちが休み時間などに訪れ，手紙や折り紙で折った作品などを自由に置いていく。先日，校長室を訪れ，事件時にいた先生と遺影に手を合わせたとき，その先生が「写真，ずいぶん色褪せちゃったね」と言われた言葉が印象的だった。

到着した学生たちは，子どもたちの歓迎を受けた後，校長室に通された。そして，一瞬で息をのむ様子が見られた。そのときの感情を，「訪問記録」に書かれているまま紹介したい。

Oくん

"校内に入ってから，子供たちの元気な姿に元気をもらえた。校長室内で8人の亡くなった方の写真を見たとき，みんな笑顔の写真だったので，余計に胸がいっぱいになる，胸が痛む感じがした。"

Sさん

"校舎は，大学のように綺麗で「可視化」が顕著に表れていた。子どもたちは松井先生を覚えていて訪問を喜んでいた。松井先生の顔も，大学に居る時とは違って，「小学校の先生だ」と感じた。校舎に入ると，1，2年生が出迎えてくれた。そして校長室に入ると，8人の写真が目に入った。さっきの1，2年生と重ねてしまい，目頭が熱くなった。"

Kさん

"着いて坂をのぼり始めたところから，すでに来校者の札を渡すなど警備が始まっていました。とても緊張しましたが，学校に入った瞬間たくさんの児童の笑顔を見ることができました。校長室に入り，改めて亡くなられた8人の子

終　章　「私は，子どもたちのいのちを守ることができる教師になれるのでしょうか」

どもたちの写真を目にしました。事件のことを想像するだけで胸が熱くなっていきました。"

Mさん

"校長室へご挨拶に行き，事件で亡くなった8人の児童の遺影の前で手を合わせ，手紙を渡しました。その時に見た，8人の遺影を見て，何も言葉がでませんでした。印象に残っているのは，写真の中の笑顔でした。この笑顔を見た瞬間事件が本当にあったなんて信じられないという気持ちと，自分でも分からない感情がこみ上げました。"

Tさん

"校舎に入ってすぐに校長室に挨拶に行きました。事前に，松井先生から「校長室には被害にあった8人の児童の遺影があるから」とは聞いていたのですが，それを見た瞬間やはり心にぐっとくるものがありました。実際に写真を見るのは正直つらかったです。"

　遺影を見ながら，涙を流す学生もいた。話の中だけで聞いていた「被害者」が，目の前で実像となった瞬間だったのだろう。

(3) 安全教育の授業

　先に述べたように，この訪問における安全教育の授業は，私が行うことになっていた。事前に佐々木先生と話したときに，まるで冗談のように，私に授業をするように言われ，さらに条件として，「今までに実践したことがない授業」ということだった。私はこれまでに，多くの安全の授業を考案し，実践してきたので，「その中のどれかを少しリニューアルしてやればいいだろう」と高をくくっていたのだが，私のその思惑を見透かしたかのように，新しい実践をするようにとの条件が付けられた。訪問まで2日ほどしかなく，私は大急ぎで授業作りをした。授業を行う学年は6年生で，2年生のときに私が担当した学年の子どもたちだった。今回の訪問の目的から，やはり防犯に関する授業がいいだろうと考えた。また同時に，6年生の子どもたちに，何らかのメッセージを

伝えたいと思った。そこで、略取・誘拐事案の被害者の年齢、性別のデータを扱い、6年生になっても、中学生になっても事件に巻き込まれている事実があることをあらためて認識し、身を守る方法について考える授業を行った。小学校低学年のときとは違う意識で防犯を考えていかなければならないことを伝えたかった。

　また、やはり学生に何を見せるか、ということも意識した。一生懸命に安全のことを考える子どもたちを見せたかったし、笑顔で前向きに、防犯について考える姿を見せたいと思った。

　見学した学生たちは、授業から様々な感想を持ったようだった。「訪問の記録」から抜粋して紹介したい。

Oくん

　"授業内容は安全について親から注意されること、であった。「逃げる」、「一人にならない」などといった、親に注意されることを自分はできるか、そしてそれらの注意は学年ごとに変わり、なぜ変わるのかを子供たちはとても真剣に考えていた。素直に思ったのは、小学生でも真剣に自分の考えがあるのだなと思った。授業自体は明るい雰囲気であったが、安全のことについて、子どもたちは本当にしっかり考えているなと思った。"

Sさん

　"ついに、池田小学校で実際に行われている「安全科」の授業を見る時が来た。とにかく、松井先生の行っていることを吸収したくて見学しながら必死にメモを取った。先生の一言一言がきちんと子どもたちに届いていて、授業が進むにつれ子どもたちの反応が変わっていくのが印象深かった。"

Kさん

　"松井先生の安全科の授業を見ました。普段、大学生を相手にしている先生が、小学生相手に授業しているのはとても新鮮な気持ちでした。先生が投げかける問いかけに対し、たくさんの児童が積極的に手をあげ発言していましたが、このように答えが出てくるのも、普段からの安全科の授業が身に染みついていることを実感しました。45分の授業はあっという間でした。"

終　章　「私は，子どもたちのいのちを守ることができる教師になれるのでしょうか」

Mさん

"松井先生が6年生に行った安全科の授業では，児童一人ひとりが考える場面が多く，元気よく手を挙げて発表する児童が多くて感心しました。安全について，とてもよく分かっているという印象を受けました。こういう授業を受けることで普段はあまり深く考えないことも改めて子どもたちは考えることができていると思いました。松井先生からの質問の中で，親から注意されなくても，不審者に連れて行かれそうになったら「大声をだす」ことができると答えた児童は多かったですが，「大声を出せない」と答えた児童も中にはいました。その児童は「不審者が来たら怖くて，不安だから」という理由でした。とても深く考えているんだと思いました。"

Tさん

"松井先生による安全の授業では，児童が真剣に取り組んでいる姿がとても印象に残っています。私が通っていた小学校での安全の授業と言えば，夏休みや冬休みなどの長期休暇1日前の集会だけでした。だから，安全のことについて学ぶ機会がとても少なかったです。しかし，附属池田小学校では45分の授業として「安全」のことを学ぶ機会があり，とてもよい時間だと思いました。また，教師を目指しているので，松井先生の授業の進め方は大変勉強になりました。"

Fさん

"子どもたちの積極性に驚きました。私が小学生のころは，安全の授業もなかったし，先生たちや親から安全などの指導を受けたことがなかったので時代は変わったなと思いました。一人の子が自分の身は自分で守ると書いてありました。その通りだと思いました。子どもは純粋でかわいいと改めて思いました。最後には中学生になることを想定した授業になっていて，学年ごとに注意することがあるのだと思いました。松井先生の顔つきが違っていて新鮮でした。"

2 事件現場と"当事者"から得た教訓

(1) 校長先生への質問

　授業のあと校長室へ戻り，佐々木先生に質問する機会を持った。その質問は，教師を志す学生が，事件のことを知り，子どものいのちを守るということを深く考えはじめたからこそのものであり，その質問に答えるのは，"事件の当事者"であり，事件後から現在まで，事件を，遺族を，附池小を見続けている佐々木先生である。その価値は計り知れない。

　学生たちは，子どもたちのいのちを守りたい，という教職に就こうとする者の高い意識と，それができるだろうか，という恐怖や不安との葛藤の答えを欲しがっていた。

Oくん

　"校長先生に質問をさせていただいた時は，事件後のことであったり，安全を発信していくことにかんしてお話していただいて，事件後，学校内でどうしていかねばならなかったか，教師の温度差のことなどで実際体験された貴重なお話で，自分が想像していた以上に大変なことだったのだなと思った。"

Sさん

　"(校長先生の)「ここからは，カットね」という言葉を聞いた時，「これは質問してはいけない内容だったんだ」と感じた。勿論，個人的内容ということもある。けれど，取り返しのつかないことをしてしまったと思えた。実際のところ，校長先生がどこまで何を考えていたかは分からない。今思えば，私は質問できて良かったと思う。聞きたいことがあって，どうしても校長先生から聞きたかったからだ。テレビの取材を意識しすぎたのだろう(1)。"

Kさん

　"奈良学園大学の学生がする質問に対し，唯一事件のときに在籍していた佐々木先生の言葉はどれもとても重たく，言葉一つ一つが胸に突き刺さるような感覚でした。「このような事件を二度と起こさないようにと考えるのではな

終　章「私は，子どもたちのいのちを守ることができる教師になれるのでしょうか」

く，今できることをやる」という言葉が，一番頭に残っています。自分も質問しようと思いましたが，なかなか言葉がでてきませんでした。"

Mさん

"私が，一番印象に残っていることは「学校にいるときは先生だけれども，その前に人であるということを忘れない」ということです。もちろん，子どものいのちを守ることは大切ですが，子どもを守るために先生のいのちを無駄にすることは決して許されることではありません。このことはとても，心に響きました。私は，附属池田小学校へ行く前まで先生になったら必ず子どもを守らないといけないという責任感があり，不安がありました。そして，現役の先生方は，そういう意識を持っているものだと思いました。しかし，お話を聞いてからは人としても大切にしてほしいと聞いて，少し安心しましたが，子どもと先生のいのち，両方とも守るのは本当に大変で，難しいことだと感じました。"

Tさん

"私は佐々木先生に「事件後どのくらいの時間を経て，前向きに安全のことを発信しようと思えるようになったのですか？」と聞きました。佐々木先生は，事件後すぐは児童のメンタルケアにかなりの時間がかかり安全の事を発信しようなんて全く思ってなかったそうです。しかし，事件当時に在学していた児童の卒業式をきっかけに気持ちが変わったそうです。そして，自分たちが主体となり，安全教育を前向きに発信できるようになったと聞きました。私の中で疑問に感じていたことなので，この話を佐々木先生の言葉で聞くことができてよかったです。"

Fさん

"テレビで報道されていることがすべてではない。一つ一つの家庭に対して，

（1）　この日の附池小訪問には，テレビの取材も入っていた。第3章，第6章に出てきた豊島さんからの取材である。佐々木靖先生は，あるときテレビカメラと豊島氏に向けて，ここからは撮らないでほしいと要求された。それは，学生たちに，テレビでは放映できないような，赤裸々な事件の様子などを語ろうとしたからだった。佐々木先生が，将来，教師になろうと志す学生たちへ，何か大きなものを伝えようとしているようだった。とてもありがたく感じたことを覚えている。

心のケアを行っていると聞きました。ご家族のことなどを考えると，とても苦しくなりました。校長先生が学生に対して，先生と呼ばれていたことが印象に残っています。"

　佐々木先生は，Fさんの記録にもあるように，学生たちに「先生たちは」という語りかけをされていた。将来，教師になる「実習生」に対するような目線で話されていた。だからこそ，それは佐々木先生にとっては，附池小からの発信であり，使命であり，任務であったのかもしれない。

（2）校長先生による学校案内
　今回の附池小への訪問の大きな目的の一つとして，事件のあった現場を見る，ということがあった。実際にそこで，学校という，教室という，本来安全であると，誰も信じて疑わなかった場所で，大切な子どもたちのいのちが失われたということを実感するためである。そしてそこを歩きながら，教師になるという心を整理するためであった。
　忙しいであろう佐々木先生ではなく，当初は私が学生たちを案内するつもりでいた。しかし，佐々木先生は，自分が案内しようと言ってくださり，そして，取材を止めるように言い，テレビカメラを校舎外へ出した。そこから先は，私自身も聞いたことがなかったほどの，"当事者"が語る学校案内が始まった。
〇くん
　"松井先生の講義のときに映像で見た，犯人が侵入してきた入口のところを自分の目で見たときは「ここが閉まっていれば…」と思ってしまった。その後，祈りと誓いの塔の鐘を鳴らさせてもらったときは，松井先生ですらはじめて鳴らしたと聞き本当に神聖な場所であるのだと実感した。その後，実際事件のあった教室のあった所へ行き，事件の話をしてもらった時は，その時の先生方の判断が誰かにとっては良く，誰かにとっては悪く，本当にその時の判断というものは極めて難しく，明確な正解はないのかなと思った。話を聞いているときは本当に胸が痛く，涙が出そうになった。あらためてとても残酷な事件だと思

終章 「私は，子どもたちのいのちを守ることができる教師になれるのでしょうか」

ったし，絶対に二度とこのようなことが起こってはいけないと強く思った。"

Sさん

"テレビカメラと距離を置いての学校案内が始まった。私はようやく聞きたいこと，校長先生の本音が聞けると思えた。「ここに児童が血だらけになって倒れていた」と，私の立っている所を指して，先生がおっしゃった時は正直ぞくっときた。事件が起きてしまった場所は，誰もが来たくなるような場所に変わっていて，学校が前向きになろうと努力しているのを感じた。また「理想を語るのも教師」という言葉を聞いた。「事件が起きたら子どもを守る」，この言葉が「いのちのバイスタンダー」（の授業）を受けてから，「子供を守りたい，けれど自分も守りたい」と考えるようになっていて，そんな自分が教師を目指していいのかと思うことも多かった。けれど先生のその言葉を聞いて，ようやく腑に落ちたというか，欲しかった答えを得られた気がする。"

Kさん

"校舎の中を歩き，実際に事件が起こった場所や犯人が通った道を教えていただきました。言葉を聞きながら，本当に恐ろしく残忍な事件であることを痛感しました。尊いいのちが奪われたこと，また心身ともに深い傷を負ったことは決して忘れてはいけないことだと思いました。また，遺族しか鳴らすことのできなかった鐘を鳴らさせていただきました。本当に貴重な体験になりました。"

Mさん

"校長先生の案内で校舎を見学させていただきました。現在の校舎は事件後建て替えられたので，事件当時の校舎とは異なります。吹き抜けの校舎で，教室も開放的です。どこからでも，子どもたちが見えるようになっていました。校長先生は，校舎を周りながら事件当時の状態を説明してくださいました。真剣に目を見て，話してくださいました。やはり，事件があった場所に案内していただいたときは，緊張し，言葉がでませんでした。

祈りと誓いの塔で鐘を鳴らさせて頂きました。当初は，6月8日に遺族だけが鳴らすという鐘でした。しかし，佐々木校長先生は鳴らしたい時に，誰でも

鳴らせるようにしたそうです。このことを聞き，多くの人の思いが込められた鐘だと感じました."

Tさん

"犯人が入ってきた門は今では，思っていたよりも随分高いフェンスになっていて驚きました。佐々木先生のご厚意で，祈りと誓いの塔の鐘を鳴らさせていただきました。遺族だけが鳴らすことになっていた時間が長かったそうですが，佐々木先生が「思いのある人なら誰でも鳴らしていいことにしよう」ということから，今回鳴らさせていただいて，とても貴重な体験となりました。その後，実際に8人の児童が被害にあった校舎内に行きました。佐々木先生の口からでる言葉，一つ一つが信じられないことばかりで，本当に胸がいっぱいになりました。正直，本当に話を聞くのが辛い部分がありました。その中で，事件があった場所が今ではみんなが集まれる明るい場所になっていたのがとても印象に残っています。また，犯人に立ち向かう先生を一人にせず，集団で動けるようにすることが大切だということも，とても印象に残っています."

Fさん

"事件の内容を詳しく知らなくて校長先生に教えていただいて知りました。校長先生の言葉一つ一つが重く感じました。さまざまな場所に子どもが届く高さに緊急のボタンがあったり，児童が帰宅したかどうかが一目でわかるモニターなどがありました。でも，それがあるから安心できるとは言えない。犯人はどうして犯行を行ったのか。犯人の家庭環境が関係していると思い，私が教師になったらしっかり児童の家庭も見なければならないと思いました。親は学校が安心の場所であり，登下校が危険であると考えているのに学校で事件が起きたことはショックを大きくしたと思いました."

（3）「鐘」を鳴らすことの意味

　学生たちの記録に出てくる，"祈りと誓いの鐘を鳴らした"というところだが，これは私にとっては鳴らすことのできない鐘であった。附池小に勤務した9年間で，一度も鳴らすことはなかったその鐘は，年に一度の，6月8日に行

終　章　「私は，子どもたちのいのちを守ることができる教師になれるのでしょうか」

われる「祈りと誓いの集い」の日だけ，鐘を固定しているロックが外され，一部の人だけが鳴らせるものであった。一部の人とは，まず，「祈りと誓いの集い」の始めに行う黙とうの際に，代表で鳴らす3人の児童である。毎年6年生の希望者から選ぶ。そして，遺族である。「祈りと誓いの集い」は，例年，午前9時から始まり，6年生による児童代表の言葉や校長先生からの言葉，6年生の歌などがあり，午前10時にそのプログラムを終える。午前10時15分までに教室に移動し，そこから安全や道徳の授業をするなど，「落ち着いて」過ごす。なぜその時間帯を「落ち着いて」過ごすのかは，明確な理由がある。それは，その時間帯に犯人が侵入し，凶行に及んだ時間帯だからである。私たちが児童を引率し，教室に入れ，着席させたころに，外から鐘の音が聞こえてくる。その時間帯は遺族によって様々な過ごし方をされ，鐘を鳴らす遺族もいれば，事件の現場となったところで過ごす遺族もいる。私は毎年，その時間帯に鐘の音が聞こえるたびに，その消え入りそうな鐘の音に，想像を絶する悲しみが込められている気がした。

　当時はそのように，鐘を鳴らす人は限定されていた。しかし，あるときから，佐々木先生の提案で，思いをもって，誰でも鐘を鳴らすことができるようにしよう，という提案があった。しかし私は，どうしても鳴らすことができなかった。

　一度だけ思い切ろうとしたことがある。それは，附池小を退任する最後の日だった。私は祈りと誓いの塔の前に手を合わせた。そして，大学の教員になり，研究者として，学校の安全や子どもたちのいのちについて，ここで学び，培ったものを生かし，朽ちさせることなく教訓を伝えていくことを誓った。そして，最後に祈りと誓いの鐘を鳴らしたかった。しかし，その勇気がわかず，そのまま附池小を去った。

　そして2年経ち，学生たちと附池小を訪問し，佐々木先生に校舎を案内してもらい，祈りと誓いの塔に来たとき，佐々木先生が学生たちに，鐘を鳴らすように勧めた。私はとてもありがたい思いで，学生たちが鐘を鳴らす姿を見ていた。いつか教師になったときに，この経験を同僚の教師たちに，そして子ども

たちに伝えてほしいと願った。

　最後の学生が鳴らし終えたとき，佐々木先生が私の方を向いて，鳴らしたことがあるかと聞いた。私は，「ありません」と答えると，鳴らせばいいと言われた。私ははじめて，祈りと誓いの鐘を鳴らした。万感の思いがした。

（4）訪問を終えた学生たちの「私の中で変わったこと」

　「祈りと誓いの鐘」を鳴らし，校長室に戻って再び佐々木先生の話を聞き，学生たちの附池小訪問が終わった。

　最後に一人の学生が，もっとも聞きたかったこと，そして，今回の訪問の大きなきっかけになっていた質問を，佐々木先生に投げかけた。

　「子どものいのちを守ろうとする教師に，私はなれるのでしょうか」

　私はこの問いを学生から投げかけられたとき，明快な答えを返すことができなかった。「なれるよ」と返せば慰めにはなろう。あるいは，「ならなければならない」と返せば，それは正論かもしれないが学生にとっては大きなプレッシャーとなり，迷いが晴れることはない。

　私は個人的にも，佐々木先生がどのように答えるのか，強い関心をもってその答えを待った。そして佐々木先生は，このように学生に伝えた。

　「今，子どもたちの前に立っていないのだから，それを判断するのは難しいでしょう。教師になったとき，目の前に子どもたちがいるとき，そのとき，自分がどう思える教師なのか，ということでしょう」

　そう思える教師もいれば，そう思えない教師もいる。そう思えないのは，知らないからであり，伝えるべき者が伝えていくことが大切なのである。佐々木先生のその答えを聞きながら，私は，私のゼミに属する2人の学生の言葉を思い出していた。一人の男子学生はこう言った。

　「ぼくは教師になったら，自分のいのちを懸けてでも子どもたちを守りたいと思います」

　若さゆえの言葉として括ることができない，教師としての資質と可能性を感じる。また，その一方で別の学生が言った。

終　章　「私は，子どもたちのいのちを守ることができる教師になれるのでしょうか」

「私は，子どもたちを守りたいと思います。でも，いざというとき，自分を守ってしまうかもしれません」

正直で当たり前のことと思う。このような思いと，真実を見つめ，自分の弱さと教職を志すものとしての責任感や気概を闘わせるものは，本当に子どもたちのいのちを思い，考える教師になるのだと思う。

6人の学生は附池小への訪問を終え，大学で，その学びを共有するために，教育学部の学生に向けて報告会を行った。そこで，訪問した学生たちが最後に発表した言葉をここに紹介したい。

「私の中で変わったこと」

　Mさん　"先生である前に，皆，人であるということ。"
　Tさん　"教師のいのちも，人として同じ「いのち」だとわかった。"
　Kさん　"子どもたちを，守れるか，守れないかではない。守らなくてはならない。"
　Sさん　"理想を語る教師が，理想を追いかけないでどうするんだ。"
　Fさん　"ただ，指導するだけではない。軽い気持ちで教師になってはいけない。"
　Oくん　"安全の大切さを伝えたい。4年後，必ず教師になる覚悟ができた。"

3　教訓を生かすこと

附池小の「祈りと誓いの塔」の鐘を，学生たちと訪問したときにはじめて鳴らしたことは，先に述べた。

私はその後，もう一度だけ鐘を鳴らしたことがある。2016年6月8日。15年目の「祈りと誓いの集い」の日である。附池小を退任し，大学の教員になって3度目の「祈りと誓いの集い」である。

この日も，午前10時に式は終了し，私は教室を回って，安全や道徳の授業を参観した。3年生のときに担任した子どもたちが6年生になっており，感慨深

く授業を見ていた。そして、この日は午後から大学に戻らなければならなかったため、最後に「祈りと誓いの塔」に手を合わせて帰ろうと、塔に足を向けた。塔の付近には、何人か人がいるようだった。その一人が、私の方を向き、大きく手を振って手招きをしていた。近づくと、それは遺族の方だった。その遺族とは、2年生で亡くなった女児の妹が5、6年生のときに、私はその学年の主任をしていたため、何度も顔を合わせてはいた。何か行事がある前にはミーティングをした。私は遺族の気持ちを理解し、沿えるように努力したが、それでも至らないところがあり、何度も遺族を傷つけ、怒りをかったこともあった。

　第1章で、事件を知らない「コンプレックス」について書いたが、そのことは、今でもすべてが払拭されたわけではなく、事件を知らない私がマスコミなどで取り上げられたりするときに、ご遺族はどのように思っているだろう、と考えるときがある。本書を執筆しながら、そのことはずっと頭から離れなかった。遺族や亡くなった8人に向けて、その人々に認められたいと願いながら書いていたのかもしれない。

　私を手招きした遺族は、毎年「祈りと誓いの集い」のとき、子どもや保護者がいない時間帯を選んで、鐘を8回鳴らす。そのとき、塔に刻まれている、亡くなった8人の名前を一人一人呼びながら、鐘を鳴らす。順番に呼びかけながら、我が子の名前を呼ぶとき、嗚咽が漏れる。その光景をはたから見ながら、何と悲しい瞬間かと思う。二度とこのような思いをする子ども、遺族があってはならないと強く思う瞬間である。

　そして2016年6月8日、15年目の「祈りと誓いの集い」が終わろうとする午前の終わり、その遺族は私を手招きして呼び、「先生、一緒に鐘を鳴らしましょう」と言われた。私は震える手で鐘の紐を遺族と持ち、一人一人の名前を呼びながら鐘を鳴らした。

　不意に、そして不本意に、大切な幼いいのちが失われることは言い表しようのない悲しみである。それは残念なことに、いまだなくなりはしない。しかし、そのような悲しみをなくそうという理想は捨ててはならないだろうと思う。失

終　章　「私は，子どもたちのいのちを守ることができる教師になれるのでしょうか」

われたいのちや，悲しみを乗り越えようとする遺族の叫びや慟哭は，二度と繰り返してほしくないという願いとともに，教訓として存在するのである。その教訓を見つけ，生かすことは，失われたいのちがこれからのいのちを生かそうとすることなのである。

おわりに

　本書を執筆しながら，つくづく感じたことがある。それは，教訓とは，探し，見つけ，伝えようとしなければ伝わらないということである。

　現在，この原稿を書いている時点で，2011年3月11日に発生した東日本大震災から5年半あまりの月日が経っている。それは，今現在小学校6年生の子どもたちが，まだ幼稚園に通っているときに起きたできごとだということである。私たち大人にとっては，東日本大震災はまだ記憶の中に鮮烈に残るできごとであり，復興の最中であるという認識の，"継続中の災害"である。しかし，当時園児だった子どもたちにとっては遠い昔のできごとであり，その記憶は失われつつあり，"記憶の伝承"が大きな課題なのだという。

　本書の執筆を始めたのは，2015年11月であり，まる1年かけて執筆したことになる。その間に，熊本地震があった。

　熊本地震が発生してから半年ほど経った2016年10月末。私は，現在勤めている大学の，教師を志す学生10人を連れて熊本県益城町を訪れた。学生たちは，倒壊したままの家屋を見つめながら言葉を失っていた。そして，小学校を訪問し，登校時の安全見守りの手伝いをしたり，授業で子どもたちとかかわったりして，その笑顔に安心した様子だった。一人の学生が，帰ってきてからのレポートに以下のような文を書いた。

　"何と言っても，子ども達を必死で支えた先生方がとてもかっこよかった。行くまでは，将来小学校教員になりたいと思っている自分に子ども達を守れるのかなど不安しかなかった。しかし，先生方は自分のことよりも必死になれたのはあの子ども達の笑顔を見るためになのかと思うと，不安などなくなり何としても子ども達を守りたいと感じるようになった。"

　被災地の教師たちから伝わる教訓とメッセージは，教師を志す学生の宝物になり，教師になったときに生かされ，伝えられていくのだろう。記憶や教訓の伝承の，一つの形ではあったかと思う。

本書で取り上げた様々な事件や災害から，日に日に時は隔たり，それに呼応して記憶は薄れゆく。しかし，事件や災害から発せられる教訓は，いつまでも生き続けている。それをどのように見つけ，生かし，伝えていくのかということが課題なのである。

　東日本大震災に伴って発生した福島第一原発事故のあった，福島県のとある小学校の校長先生の話を聞いた。その小学校の校区はいまだに被災以来，全住民が避難生活を送っている。したがって，その小学校はもともとあった場所から60kmほど離れた場所で再開している。その小学校の校長先生の話の中で私が衝撃を受けた言葉は，「これから先，自分が生まれ育つべきであったふるさとを，一度も見ないまま成長していく子どもたちがいる」という言葉だった。そして，子どもたちに，「ふるさとに帰れるなら，一番に何がしたいか」と聞くと，「生まれた家で，もう一度暮らしてみたい」と言ったのだそうだ。

　ふるさとがあり，そこにいつでも帰れることは"当たり前"のことであるはずだ。しかし，その当たり前のことが，当たり前ではなくなってしまっている子どもたち，人々がいる。

　当たり前に楽しめたはずの，学校キャンプができなかった子どもたち。

　当たり前であるはずの，1度だけの卒業式。

　当たり前に見ることができたはずの，我が子が成長する姿。

　それらは，当たり前なのではなく，とても素晴らしいことなのだと，事件や災害の教訓は物語っている。

　私はただ，そんな教訓が強く発せられる場所にいた。多くの話を聞き，学び，二度とあってはならないという思いに駆られてきた。そして，事件や災害で失われたいのちの教訓を，探し，見つけ，伝えていくことの大切さを実感することができた。

　あまりにも微力だが，本書がその役割の一端でも担うことができたらと思う。

　　平成28年12月

松井典夫

《著者紹介》

松井典夫（まつい・のりお）
1969年　大阪府生まれ
大阪教育大学大学院教育学研究科（修士課程）卒業　修士（教育学）
大阪府公立小学校教員を経て，乱入殺傷事件で児童8人が犠牲になった大阪教育大学附属池田小学校に2005年から2014年まで勤務。同小の学校安全主任として，「安全科」創設とカリキュラム開発にかかわる。
現　在　奈良学園大学人間教育学部　准教授
専　門　教育学（安全教育，学校安全，教師教育，教員養成）
主　著　『いのちの教育』（共著）東洋館出版社，2009年
　　　　『ながお先生と考える　学校安全36のナラティブ』（共著）教育出版，2014年

どうすれば子どもたちのいのちは守れるのか
──事件・災害の教訓に学ぶ学校安全と安全教育──

2017年2月28日　初版第1刷発行　　　　　　　　　（検印省略）

定価はカバーに表示しています

著　者　松　井　典　夫
発行者　杉　田　啓　三
印刷者　江　戸　孝　典

発行所　株式会社　ミネルヴァ書房
607-8494 京都市山科区日ノ岡堤谷町1
電話代表　(075)581-5191
振替口座　01020-0-8076

© 松井典夫, 2017　　　　　　共同印刷工業・藤沢製本
ISBN978-4-623-07913-1
Printed in Japan

犯罪被害者支援とは何か　　　　　　　　　　　Ａ５判　280頁
──附属池田小事件の遺族と支援者による共同発信　本　体　1800円
酒井　肇・酒井智恵・池埜　聡・倉石哲也 著

犯罪からの子どもの安全を科学する　　　　　　Ａ５判　224頁
──「安全基礎体力」づくりをめざして　　　　本　体　2000円
清永賢二 監修／清永奈穂・田中　賢・篠原惇理 著

事例で学ぶ学校の安全と事故防止　　　　　　　Ｂ５判　156頁
添田久美子・石井拓児 編著　　　　　　　　　本　体　2400円

子どもの遊び場のリスクマネジメント　　　　　Ａ５判　268頁
──遊具の事故低減と安全管理　　　　　　　　本　体　3000円
松野敬子 著

いじめの深層を科学する　　　　　　　　　　　四六判　224頁
清永賢二 著　　　　　　　　　　　　　　　　本　体　2000円

ネットいじめはなぜ「痛い」のか　　　　　　　四六判　236頁
原　清治・山内乾史 編著　　　　　　　　　　本　体　1800円

「ホンネ」が響き合う教室　　　　　　　　　　Ａ５判　218頁
──どんぐり先生のユーモア詩を通した学級づくり　本　体　1800円
増田修治 著

豚のＰちゃんと32人の小学生　　　　　　　　　Ａ５判　200頁
──命の授業900日　　　　　　　　　　　　　本　体　2000円
黒田恭史 著

教師　魂の職人であれ　　　　　　　　　　　　四六判　268頁
──学校と教師へ贈るエール　　　　　　　　　本　体　1800円
森田　薫・原　清治 著

イチャモン研究会　　　　　　　　　　　　　　四六判　240頁
──学校と保護者のいい関係づくりへ　　　　　本　体　1400円
小野田正利 編著

チャイルドラインで学んだ 子どもの気持ちを聴くスキル　四六判　220頁
山口祐二 著　　　　　　　　　　　　　　　　本　体　1600円

────────── ミネルヴァ書房 ──────────
http://www.minervashobo.co.jp/